高等职业教育财务会计类专业新形态一体化教材

企业纳税申报与筹划实务

何炳荣 李高齐 ◎ 主 编

清华大学出版社
北京

内 容 简 介

纳税申报与筹划是企业必须完成的重要任务，也是高等职业院校财经商贸类专业的核心课程。本书是校企合作开发的高等职业院校税务类"岗课赛证训融通"理实一体化新形态教材，依托"衡信税务实训平台"设置税务技能实训任务，涵盖了中小企业常见税种的计算、申报和筹划等内容；与现行税种紧密结合，让学生能够在高仿真的业务操作中进行税务技能训练；融入了课程思政元素；构建了过程性和终结性评价相结合的考核评价体系。

本书主要包括增值税开票、认证及申报实务，企业所得税申报实务，个人所得税申报实务，消费税及小税种申报实务，纳税筹划实务五个实训项目。设有项目目标、工作任务、思维导图、知识链接、工作流程、想一想、总结与收获、工作任务考评等环节。

本书适合高等职业院校财经商贸大类专业作为教材使用。

本书封面贴有清华大学出版社防伪标签，无标签者不得销售。
版权所有，侵权必究。举报：010-62782989，beiqinquan@tup.tsinghua.edu.cn。

图书在版编目(CIP)数据

企业纳税申报与筹划实务/何炳荣，李高齐主编．—北京：清华大学出版社，2024.2
高等职业教育财务会计类专业新形态一体化教材
ISBN 978-7-302-65363-9

Ⅰ.①企… Ⅱ.①何… ②李… Ⅲ.①企业管理－税收管理－高等职业教育－教材 ②企业管理－税收筹划－高等职业教育－教材 Ⅳ.①F810.423

中国国家版本馆 CIP 数据核字(2024)第 039310 号

责任编辑：刘士平
封面设计：张鑫洋
责任校对：李 梅
责任印制：丛怀宇

出版发行：清华大学出版社
网　　址：https://www.tup.com.cn，https://www.wqxuetang.com
地　　址：北京清华大学学研大厦 A 座　　邮　编：100084
社 总 机：010-83470000　　　　　　　　邮　购：010-62786544
投稿与读者服务：010-62776969，c-service@tup.tsinghua.edu.cn
质量反馈：010-62772015，zhiliang@tup.tsinghua.edu.cn
课件下载：https://www.tup.com.cn，010-83470410

印 装 者：三河市天利华印刷装订有限公司
经　　销：全国新华书店
开　　本：185mm×260mm　　印　张：12.5　　字　数：302 千字
版　　次：2024 年 3 月第 1 版　　　　　　印　次：2024 年 3 月第 1 次印刷
定　　价：59.00 元

产品编号：103391-01

前言

党的二十大提出要健全现代预算制度,优化税制结构;完善支持绿色发展的财税、金融、投资、价格政策和标准体系,发展绿色低碳产业;完善分配制度,加大税收、社会保障、转移支付等的调节力度,完善个人所得税制度,规范收入分配秩序,规范财富积累机制,保护合法收入,调节过高收入,取缔非法收入。党的二十大精神为我国税制改革指明了发展方向,要求我们在涉税过程中注重合法合规、推动经济高质量发展、促进社会公平和共同富裕,以实现可持续的发展和社会的和谐进步。

纳税申报与筹划是企业必须完成的重要任务,也是高等职业院校财经商贸类专业的核心课程。

为进一步提高高等职业院校财经商贸类专业学生人才的培养质量,适应"数智化"在财经领域快速应用的新形势,更好地实现税务技能大赛"以赛促教、以赛促学、以赛促建、以赛促改"的目标,作者团队通过校企合作,共同开发了本书,以期优化税务类课程实训的教学内容,强化学生的实践能力。

本书依托"衡信税务实训平台"设置税务技能实训任务,涵盖了中小企业常见税种的计算、申报和筹划等内容;与现行税种紧密结合,让学生能够在高仿真的业务操作中进行税务技能训练;融入了课程思政元素;构建了过程性和终结性评价相结合的考核评价体系。

本书具有以下四方面特色。

1. 力求体现高职院校教学的职业性、岗位性和实践性

本书根据高职院校高技能人才培养目标,按照工作过程,以"任务驱动、项目导向"设计体例、安排教学内容。通过归纳整理现行税收法律法规的重点规定,设计典型案例,对企业生产经营活动中的涉税业务进行计算和申报,指导高职院校的学生进行税务岗位模拟实训,使学生不出校门就可以进行企业税务岗位实务的模拟处理,从而有效培养学生的智能财税综合工作能力。

2. 校企合作共同编写,有利于学生职业能力和实践能力的培养

衡信税务实训平台是由浙江衡信教育科技有限公司开发的税务实训平台,该平台与企业实际工作中使用的税务软件高度相似。本书由院校教师和浙江衡信教育科技有限公司技术团队合作编写。院校主编具有"双师资格",有近20年的企业财税工作经验,在企业工作期间就已经能够熟练地操作税务软件,担任高职院校教师后长期主讲企业纳税实务课程。企业主编和参编人员是税务实训软件开发公司的总经理、副总经理和财务总监,同样具有丰富的企业财税工作经验。本书使用的案例全部来源于企业真实的经济业务,更有利于学生

职业能力和实践能力的培养。

3. 可以作为税务技能大赛训练的辅导用书

"衡信杯"税务技能大赛采用的是浙江衡信教育科技有限公司开发的实训平台。本书也可以作为税务技能大赛训练辅导用书。

4. 配套数字资源，方便读者使用

书中的学习活动有配套的二维码数字资源。通过扫描二维码，读者可以轻松获得视频教学资源，有利于教师讲解及学生自主学习。

本书由校企合作开发。院校主编为杭州万向职业技术学院何炳荣（双师资格，高级会计师、副教授）、企业主编为浙江衡信教育科技有限公司李高齐（总经理、中级会计师），参编人员有杭州万向职业技术学院沈应仙（双师资格，大数据与会计教研室主任、教授、注册会计师、高级经济师）、浙江衡信教育科技有限公司沈斌（财务总监、中级会计师）、浙江衡信教育科技有限公司李华辉（副总经理、中级会计师）。

感谢各位读者使用本书，书中如有不足之处，恳请读者批评指正。

编　者
2023 年 12 月

目　录

项目一　增值税开票、认证及申报实务 …………………………………………… 1

　　学习活动一　增值税开票 ………………………………………………………… 2
　　学习活动二　增值税发票网上认证 …………………………………………… 27
　　学习活动三　增值税一般纳税人网上申报 …………………………………… 37
　　学习活动四　增值税小规模纳税人网上申报 ………………………………… 47

项目二　企业所得税申报实务 …………………………………………………… 57

　　学习活动一　企业所得税查账征收预缴申报 ………………………………… 58
　　学习活动二　企业所得税查账征收汇算清缴申报 …………………………… 67
　　学习活动三　企业所得税核定征收预缴申报 ………………………………… 81
　　学习活动四　企业所得税核定征收汇算清缴申报 …………………………… 87

项目三　个人所得税申报实务 …………………………………………………… 94

　　学习活动一　自然人个人所得税预缴申报 …………………………………… 95
　　学习活动二　自然人个人所得税汇算清缴申报 ……………………………… 130
　　学习活动三　个人所得税生产经营所得预缴申报 …………………………… 141
　　学习活动四　个人所得税生产经营所得汇算清缴申报 ……………………… 149

项目四　消费税及小税种申报实务 ……………………………………………… 159

　　学习活动一　消费税申报 ……………………………………………………… 160
　　学习活动二　小税种申报 ……………………………………………………… 166

项目五　纳税筹划实务 …………………………………………………………… 175

参考文献 …………………………………………………………………………… 191

附录 ………………………………………………………………………………… 192

项目一 增值税开票、认证及申报实务

本项目包括增值税防伪税控开票实训、增值税发票网上认证实训、增值税一般纳税人申报实训、增值税小规模纳税人申报实训四个学习活动。

项目目标

序号	学习活动名称	学习活动内容	应达到的技能和素质要求	结果
1	增值税防伪税控开票	1. 发票领购 2. 发票填开 3. 发票查询 4. 发票作废 5. 发票打印 6. 抄报税	1. 熟悉增值税专用(普通)发票的管理制度和基本知识 2. 熟悉发票领购的方式和具体流程 3. 准确及时填开各类业务的相应发票 4. 掌握增值税防伪开票系统操作的注意事项	1. 能按要求购买空白增值税专用(普通)发票 2. 能开具增值税专用(普通)发票 3. 能完成抄报税工作
2	增值税发票网上认证	1. 认证增值税专用发票 2. 认证货物运输发票	1. 掌握进项发票认证期限的最新规定 2. 掌握识别错误发票的规则及方法 3. 掌握增值税发票网上认证系统操作的注意事项	能完成增值税发票的网上认证
3	增值税一般纳税人申报	1. 增值税一般纳税人的税款计算 2. 增值税一般纳税人的纳税申报	1. 熟练计算增值税一般纳税人应纳税额 2. 独立按时办理增值税一般纳税人网上申报及税款缴纳工作 3. 掌握增值税一般纳税人纳税申报表填报注意事项	1. 能完成增值税一般纳税人网上申报 2. 能完成税款缴纳
4	增值税小规模纳税人申报	1. 增值税小规模纳税人的税款计算 2. 增值税小规模纳税人的纳税申报	1. 熟练计算增值税小规模纳税人应纳税额 2. 独立按时办理增值税小规模纳税人网上申报及税款缴纳工作 3. 掌握增值税小规模纳税人纳税申报表填报注意事项	1. 能完成增值税小规模纳税人网上申报 2. 能完成税款缴纳

工作任务

(1) 贝尔斯照明灯具制造有限公司为增值税一般纳税人,请根据该公司本月经济业务事项,完成该公司本月增值税开票、增值税网上认证、网上申报及税款缴纳等工作任务。

（2）浙江雨视科技有限公司为增值税小规模纳税人，请根据该公司本月经济业务事项，完成该公司本月增值税网上申报及税款缴纳等工作任务。

思维导图

项目一思维导图如图 1-1 所示。

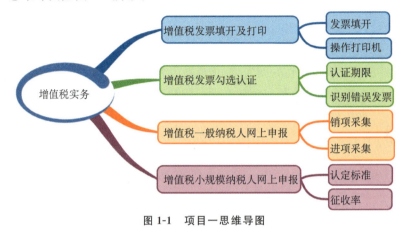

图 1-1　项目一思维导图

学习活动一　增值税开票

学习目标

（1）能够写出增值税专用发票的填开内容。
（2）能够掌握增值税专用发票、增值税普通发票的开票流程。
（3）能够熟练运用衡信税务实训平台开具增值税发票。
（4）能够熟练运用票据打印机打印增值税发票。

增值税开票视频

建议学时

4 学时

知识链接

商品和服务税收分类与编码是指在增值税发票升级版中，纳税人开具发票时票面上的商品应与税务总局核定的税收编码进行关联。按分类编码上注明的税率和征收率开具发票，能使税务机关对数据进行统计、筛选、分析与比对，达到加强征收管理的目的。

税务局要知道一家公司卖了什么东西，买了什么东西，分别是多少，还剩多少，买的时候花了多少钱，又卖了多少钱……这就形成了税务局的"电子底账系统"，该系统可以抓取数据、处理数据并进行比对分析,全程智能化操作,而且随时可以调取,方便查账。

自2016年5月1日起,税务总局在全国范围内推行商品和服务税收分类编码。为了方便纳税人准确选择商品和服务税收分类编码,税务总局编写了商品和服务税收分类编码简称。自2019年1月1日起,纳税人通过增值税发票管理新系统开具增值税发票(包括增值税专用发票、增值税普通发票、增值税电子普通发票)时,商品和服务税收分类编码对应的简称会自动显示并打印在发票票面"货物或应税劳务、服务名称"或"项目"栏次中。

例如,纳税人销售黄金项链,在开具增值税发票时输入的商品名称为"黄金项链",选择的商品和服务税收分类编码为"金银珠宝首饰"。该分类编码对应的简称为"珠宝首饰",则增值税发票票面上会显示并打印"*珠宝首饰*黄金项链"。如果纳税人错误地选择了其他分类编码,发票票面上将会出现类似"*钢材*黄金项链"或"*电子计算机*黄金项链"的明显错误。

根据《中华人民共和国发票管理办法》第二十二条和《增值税专用发票使用规定》第十一条,纳税人不选择商品和服务税收分类与编码的,属于发票栏目填写不全。不符合规定的发票,不得作为财务报销凭证,任何单位和个人有权拒收。未按照规定的时限、顺序、栏目,全部联次一次性开具发票的,主管税务机关将依照《中华人民共和国发票管理办法》第三十五条第一款,责令改正,并处1万元以下罚款。

工作任务描述

贝尔斯照明灯具制造有限公司为增值税一般纳税人,法人代表为张云胜,企业地址在深圳市宝安区西乡街328号,电话号码0755-25941111,纳税人识别号914489430284900129,公司注册资金陆佰万元(600万元),注册时间为2016年2月1日,行业性质为加工制造业,开户银行为徽商银行松岗支行,开户行账号为1506080988830290。

公司经营范围:主营各类家用节能灯产品、商业灯具产品、景观灯笼产品的加工生产,兼营灯具各类配件,并提供运输服务。

本月,该公司发生的经济业务事项见案例资料(案例资料请从税务实训软件下载)。

要求:

(1) 根据案例资料的要求,逐一开具增值税发票。

(2) 将开具后的增值税发票打印出来。

想一想

根据工作任务的描述,如果想开具一张符合税法规定的发票,您认为需要具备哪些依法纳税意识和职业素养?

> 工作流程

增值税开票工作流程如图 1-2 所示。

图 1-2　增值税开票工作流程

• IC 卡、读卡器设备调试

注：如使用金税盘、实训宝进行实训，请跳过此步骤。

将 IC 卡芯片朝上插入读卡器中，将读卡器与计算机主机连接，具体操作如图 1-3 和图 1-4 所示。将插入 IC 卡的读卡器连接到计算机，单击右键桌面"我的电脑"图标，选择"计算机管理"选项进入。

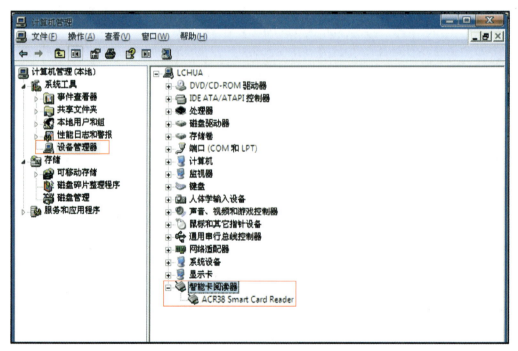

图 1-3　选择"计算机管理"选项

图 1-4　设置 IC 卡类型

注：IC 卡类型设置为"SLE4442"之后，一定要重新拔插读卡器才可正常使用。

• 实训平台登录

注：本书依托"衡信税务实训平台"来设置税务技能实训任务（下同）。

输入学校编码、学生账号及密码，登录实训平台，如图 1-5 所示。

图 1-5　登录实训平台

进入"增值税"模块,选择"增值税防伪税控发票系统",如图1-6和图1-7所示。

图1-6　选择增值税防伪税控发票系统(1)

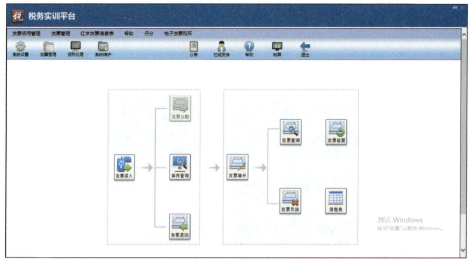

图1-7　选择增值税防伪税控发票系统(2)

想一想

观察图1-8,请思考:发票领购、发票读入、发票退回、发票库存、发票红冲、发票查询的含义是什么?

项目一　增值税开票、认证及申报实务

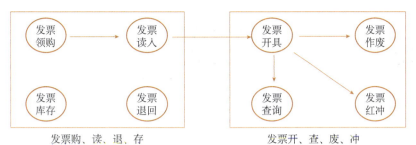

图 1-8　发票处理

• 发票读入

发票读入如图 1-9～图 1-12 所示。

图 1-9　发票读入（1）

图 1-10　发票读入（2）

图 1-11　发票读入（3）

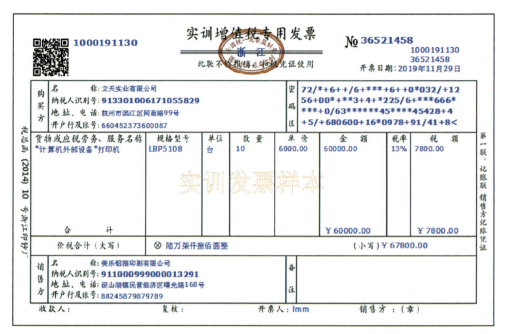

图1-12　发票读入（4）

想一想

观察图1-12，请思考：发票填开的主要内容有哪些？

• 新增客户编码和商品编码

新增客户编码：系统设置→客户编码→增加→保存，如图1-13～图1-17所示。

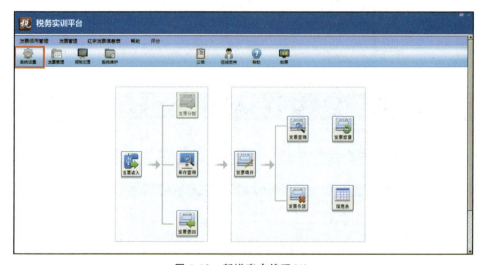

图1-13　新增客户编码（1）

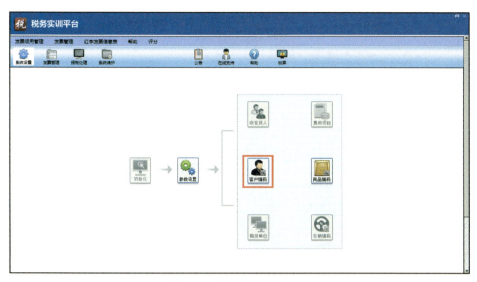

图 1-14　新增客户编码（2）

图 1-15　新增客户编码（3）

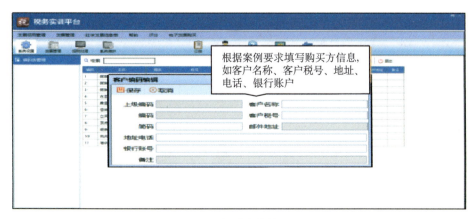

图 1-16　新增客户编码（4）

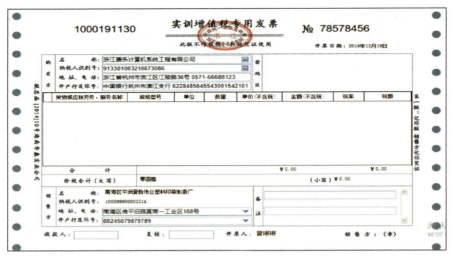

图 1-17 新增客户编码（5）

新增商品编码：系统设置→商品编码→增加→先填写带有星号的项目，再填写税收分类名称，如图 1-18～图 1-22 所示。

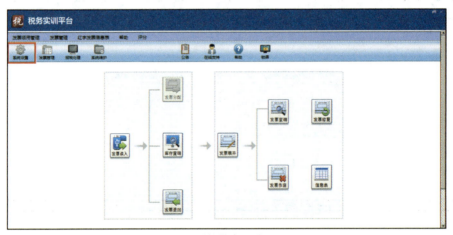

图 1-18 新增商品编码（1）

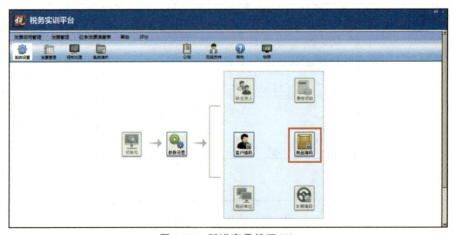

图 1-19 新增商品编码（2）

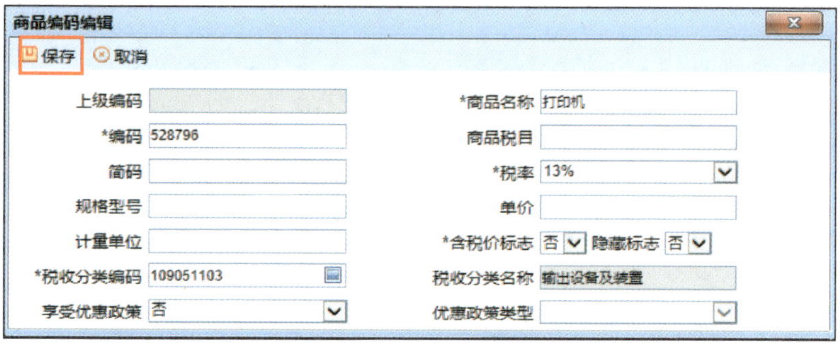

项目一 增值税开票、认证及申报实务

图1-20 新增商品编码（3）

图1-21 新增商品编码（4）

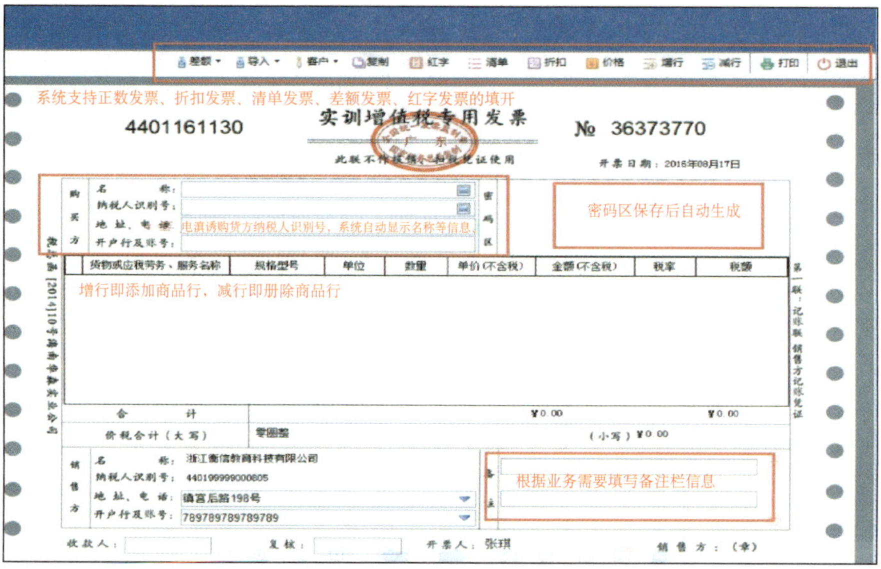

图1-22 新增商品编码（5）

● 发票填开

想一想

在开具发票的过程中,哪些备注栏是必须填写的,若不填写则会导致发票无效?

正常发票填开

正常发票填开如图 1-23～图 1-26 所示。

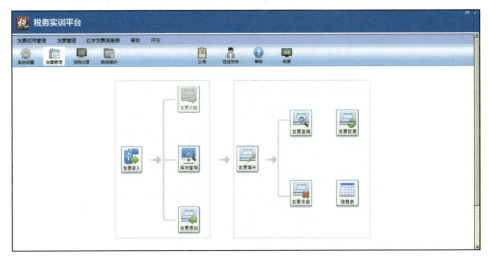

图 1-23　正常发票填开(1)

图 1-24　正常发票填开(2)

项目一 增值税开票、认证及申报实务

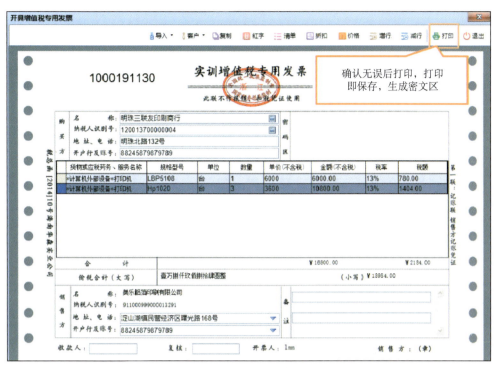

图1-25 正常发票填开（3）

图1-26 正常发票填开（4）

折扣发票填开

折扣发票填开如图1-27～图1-29所示。

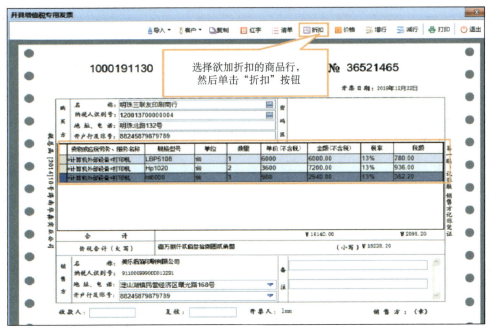

图1-27 折扣发票填开(1)

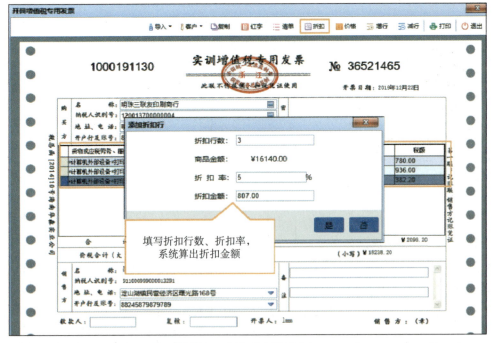

图1-28 折扣发票填开(2)

图 1-29　折扣发票填开（3）

清单发票填开

清单发票填开如图 1-30～图 1-32 所示。

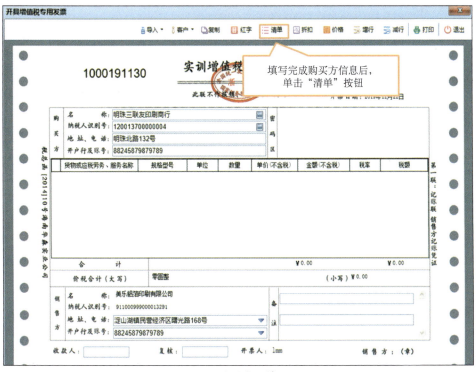

图 1-30　清单发票填开（1）

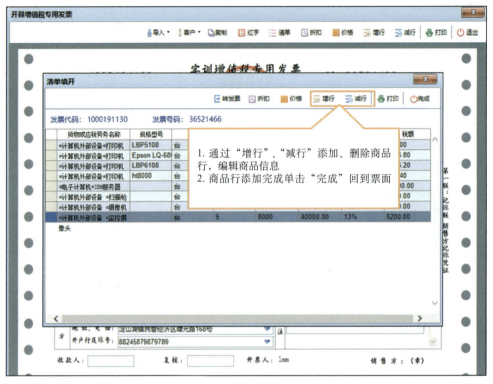

图1-31　清单发票填开（2）

图1-32　清单发票填开（3）

想一想

什么情况下需要开具清单发票？

红字发票填开

红字发票填开如图 1-33～图 1-40 所示。

红字发票填开

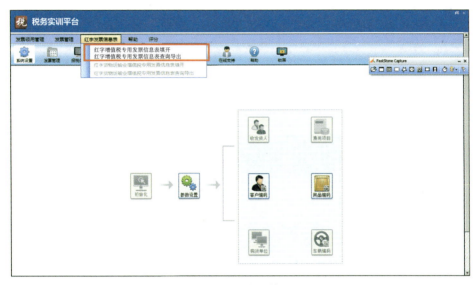

图 1-33　红字发票填开（1）

图 1-34　红字发票填开（2）

图 1-35　红字发票填开(3)

图 1-36　红字发票填开(4)

图 1-37　红字发票填开(5)

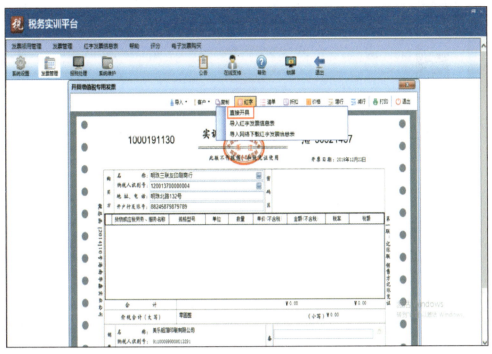

图1-38　红字发票填开（6）

图1-39　红字发票填开（7）

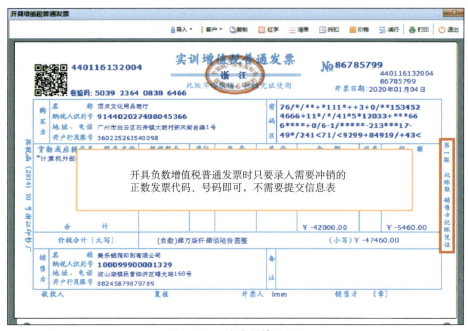

图 1-40　红字发票填开（8）

想一想

什么情况下发票可以被作废？什么情况下发票不能被作废而只能开红字发票？

差额发票填开

差额发票填开如图 1-41～图 1-43 所示。

图 1-41　差额发票填开（1）

项目一 增值税开票、认证及申报实务

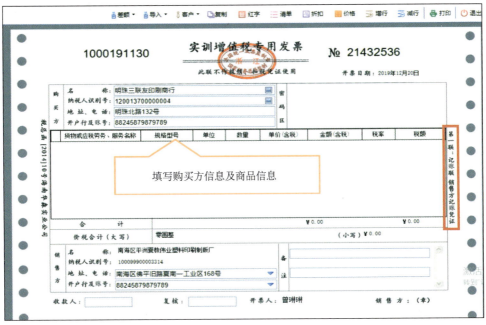

图 1-42 差额发票填开（2）

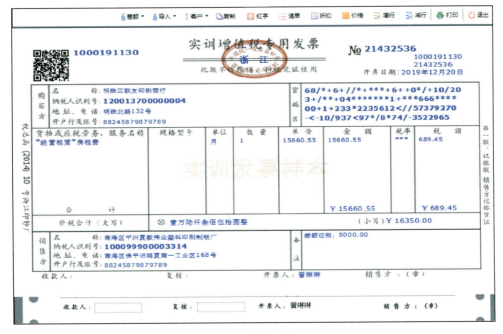

图 1-43 差额发票填开（3）

- 发票查询

发票查询如图 1-44～图 1-46 所示。

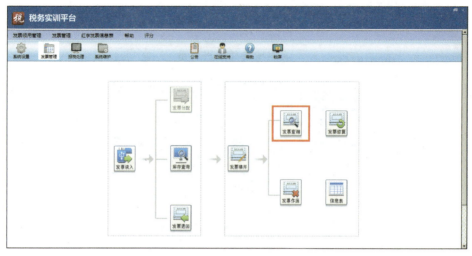

图 1-44　发票查询（1）

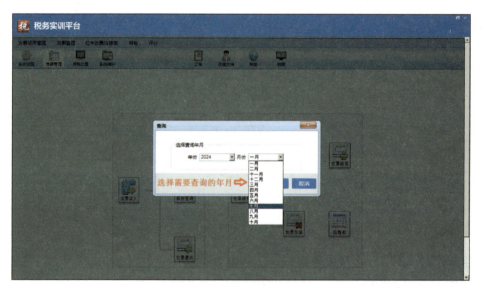

图 1-45　发票查询（2）

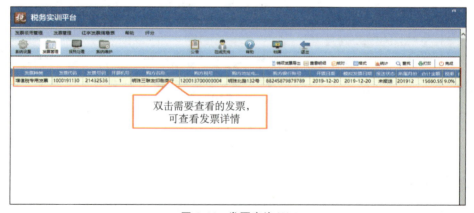

图 1-46　发票查询（3）

项目一　增值税开票、认证及申报实务　23

• 发票作废

发票作废如图 1-47 所示。

图 1-47　发票作废

• 发票打印

开票完成后,即可连接票据打印机打印发票,如图 1-48 所示。

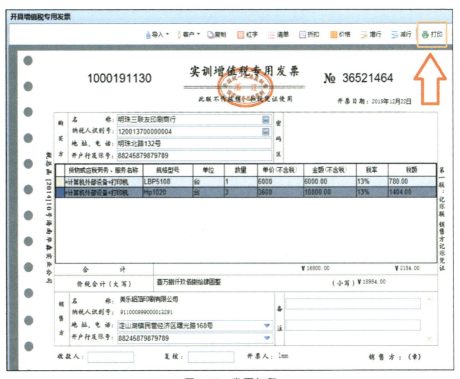

图 1-48　发票打印

• 抄报税

在实际工作中,一个月结束后,在下月初,企业财务人员需要登录增值税防伪税控开票软件进行抄报税处理,即企业把开票数据报送到税务局端。税务实训软件也可以模拟抄报税,待开票完成后,即可进行抄报税处理,具体操作如下:报税处理→上报汇总→远程清卡,如图 1-49~图 1-51 所示。

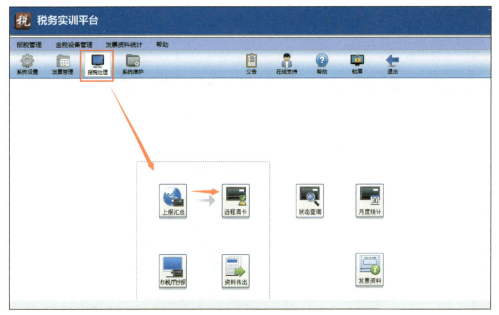

图 1-49　抄报税（1）

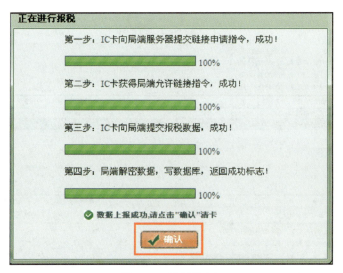

图 1-50　抄报税（2）

图 1-51　抄报税（3）

实训评分及更正

【实训评分】

完成任务后,进行系统自动评分,如图1-52所示。

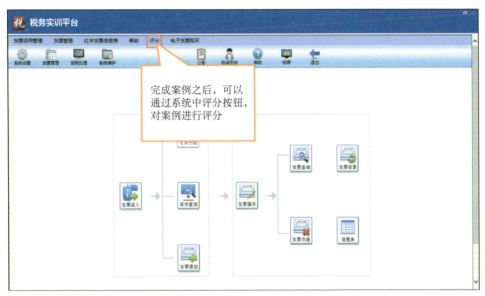

图 1-52　实训评分

【错误更正】

如果评分后成绩不理想,可以进行修改,并重新进行评分,如图1-53所示。

图 1-53　错误更正

总结与收获

(1) 请对本次增值税发票开具和打印的实务操作过程进行总结。

---

(2) 通过本次课程的学习,你有哪些收获与体会?(可以从立德树人、创新创造、工匠精神培育、职业习惯养成等方面展开阐述)

工作任务考评

任务节点	技能要点	评 分 标 准	自评	小组评	教师评
节点一 新增客户编码 和商品编码	1. 新增客户编码	1. 独立完成且质量高,评为 A 2. 独立完成质量较好,评为 B 3. 在老师指导下完成任务,评为 C 4. 在老师指导下仍不能完成任务,评为 D			
	2. 新增商品编码	1. 独立完成且质量高,评为 A 2. 独立完成质量较好,评为 B 3. 在老师指导下完成任务,评为 C 4. 在老师指导下仍不能完成任务,评为 D			
节点二 发票填开	1. 正常发票填开	1. 独立完成且质量高,评为 A 2. 独立完成质量较好,评为 B 3. 在老师指导下完成任务,评为 C 4. 在老师指导下仍不能完成任务,评为 D			
	2. 折扣发票填开	1. 独立完成且质量高,评为 A 2. 独立完成质量较好,评为 B 3. 在老师指导下完成任务,评为 C 4. 在老师指导下仍不能完成任务,评为 D			
	3. 清单发票填开	1. 独立完成且质量高,评为 A 2. 独立完成质量较好,评为 B 3. 在老师指导下完成任务,评为 C 4. 在老师指导下仍不能完成任务,评为 D			

续表

任务节点	技能要点	评 分 标 准	自评	小组评	教师评
节点二 发票填开	4. 红字发票填开	1. 独立完成且质量高,评为 A 2. 独立完成质量较好,评为 B 3. 在老师指导下完成任务,评为 C 4. 在老师指导下仍不能完成任务,评为 D			
节点二 发票填开	5. 差额发票填开	1. 独立完成且质量高,评为 A 2. 独立完成质量较好,评为 B 3. 在老师指导下完成任务,评为 C 4. 在老师指导下仍不能完成任务,评为 D			
节点三 发票打印	将发票打印出来	1. 独立完成且质量高,评为 A 2. 独立完成质量较好,评为 B 3. 在老师指导下完成任务,评为 C 4. 在老师指导下仍不能完成任务,评为 D			
综合评价(A、B、C、D 档)					
综合评价(折合为百分制)					

学习活动二　增值税发票网上认证

学习目标

(1) 能够说出进项发票认证期限规定。
(2) 掌握识别错误发票的规则及方法。
(3) 能够说出增值税发票网上认证系统操作的注意事项。
(4) 能够完成增值税发票网上认证的整个实训流程。

增值税发票
网上认证视频

建议学时

2 学时

知识链接

根据《国家税务总局关于纳税信用 A 级纳税人取消增值税发票认证有关问题的公告》(国家税务总局公告 2016 年第 7 号)文件规定,纳税人取得销售方使用增值税发票系统升级版开具的增值税发票(包括增值税专用发票、货物运输业增值税专用发票、机动车销售统一发票,下同),可以不再进行扫描认证,通过增值税发票税控开票软件登录本省增值税发票查询平台,查询、选择用于申报抵扣或者出口退税的增值税发票信息。

国家税务总局公告 2017 年第 11 号规定:自 2017 年 7 月 1 日起,增值税一般纳税人取得的 2017 年 7 月 1 日及以后开具的增值税专用发票和机动车销售统一发票，应自开具之日起 360 日内认证或登录增值税发票选择确认平台进行确认，并在规定的纳税申报期内，向主管税务机关申报抵扣进项税额。

增值税一般纳税人取得的 2017 年 7 月 1 日及以后开具的海关进口增值税专用缴款书，应自开具之日起 360 日内向主管税务机关报送《海关完税凭证抵扣清单》，申请稽核比对。

纳税人取得的 2017 年 6 月 30 日前开具的增值税扣税凭证，仍按 180 天执行。

《国家税务总局关于扩大小规模纳税人自行开具增值税专用发票试点范围等事项的公告》(国家税务总局公告 2019 年第 8 号)第二条规定：一般纳税人取得的增值税专用发票、机动车销售统一发票、收费公路通行费增值税电子普通发票，可以使用增值税发票选择确认平台查询、选择用于申报抵扣、出口退税或者代办退税的增值税发票信息。

《国家税务总局关于取消增值税扣税凭证认证确认期限等增值税征管问题的公告》(2019 年 45 号)第一条明确规定，自 2020 年 3 月 1 日起，增值税一般纳税人取得 2017 年 1 月 1 日及以后开具的增值税专用发票，取消认证确认、稽核比对、申报抵扣的期限。因此，纳税人取得的 2017 年以后开具的增值税专用发票，超过 360 天没有认证确认，即使不符合《国家税务总局关于逾期增值税扣税凭证抵扣问题的公告》(2011 年第 50 号)中规定的客观原因，自 2020 年 3 月 1 日起也可以通过本省(自治区、直辖市和计划单列市)增值税发票综合服务平台对增值税专用发票信息进行用途确认，抵扣进项税额。

工作任务描述

贝尔斯照明灯具制造有限公司为增值税一般纳税人，法人代表张云胜，企业地址在深圳市宝安区西乡街 328 号，电话号码 0755-25941111，纳税人识别号 914489430284900129，公司注册资金陆佰万元(600 万元)，注册时间为 2016 年 2 月 1 日，行业性质为加工制造业，开户银行为徽商银行松岗支行，开户行账号 1506080988830290。

公司经营范围：主营各类家用节能灯产品、商业灯具产品、景观灯笼产品的加工生产，兼营灯具各类配件，并提供运输服务。

本月，该公司发生的经济业务事项见案例资料(案例资料请从实训软件下载)。

要求：

(1) 逐一进行增值税专用发票的网上认证。

(2) 完成实训操作后进行"案例评分"。

想一想

根据工作任务描述，在增值税发票网上认证过程中需要具备哪些依法纳税意识和职业素养？

工作流程

增值税发票网上认证工作流程如图 1-54 所示。

图 1-54　增值税发票网上认证工作流程

- 税务实训平台登录

税务实训平台登录如图 1-55 所示。

图 1-55　税务实训平台登录

- 系统选择

系统选择如图 1-56 所示。

图 1-56　系统选择

- **税款所属期选择**

    税款所属期选择如图 1-57 所示。

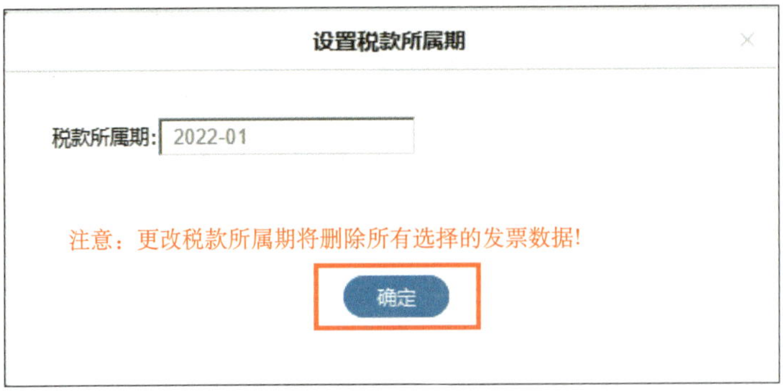

    图 1-57 税款所属期选择

- **勾选模块选择：抵扣勾选、退税勾选**

    在对税款所属期进行选择后，可根据案例要求选择抵扣勾选或退税勾选，如图 1-58 所示。

    图 1-58 勾选模块选择

- **抵扣勾选**

    在首页单击抵扣勾选，选择对应的项目，如图 1-59 所示。
    发票抵扣勾选
    发票抵扣勾选如图 1-60 所示。
    发票批量抵扣勾选
    发票批量抵扣勾选如图 1-61 和图 1-62 所示。

项目一　增值税开票、认证及申报实务

图 1-59　抵扣勾选

图 1-60　发票抵扣勾选

图 1-61　发票批量抵扣勾选（1）

图 1-62　发票批量抵扣勾选（2）

发票不抵扣勾选

发票不抵扣勾选如图 1-63 所示。

图 1-63　发票不抵扣勾选

海关缴款书采集

海关缴款书采集如图 1-64 和图 1-65 所示。

图 1-64　海关缴款书采集（1）

项目一 增值税开票、认证及申报实务

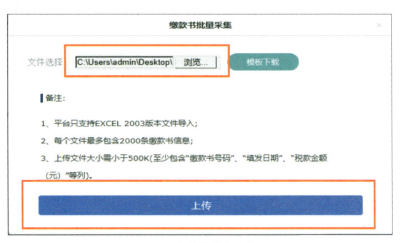

图 1-65　海关缴款书采集（2）

出口转内销发票勾选

出口转内销发票勾选如图 1-66 所示。

图 1-66　出口转内销发票勾选

- 退税勾选

退税勾选是对用于办理出口退税的进项发票进行勾选确认，选择逐个勾选或批量勾选，如图 1-67 和图 1-68 所示。

退税批量抵扣勾选

退税批量抵扣勾选如图 1-69 和图 1-70 所示。

图 1-67 退税勾选（1）

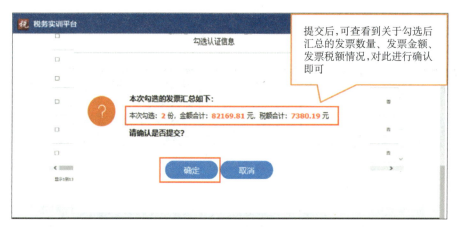

提交后，可查看到关于勾选后汇总的发票数量、发票金额、发票税额情况，对此进行确认即可

图 1-68 退税勾选（2）

图 1-69 退税批量抵扣勾选（1）

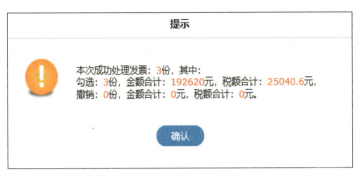

图 1-70 退税批量抵扣勾选（2）

退税确认勾选

退税确认勾选如图 1-71 所示。

图 1-71 退税确认勾选

想一想

如果发票超过了认证抵扣时间，该如何处理？

实训评分及更正

【实训评分】

完成任务后，进行系统自动评分，如图 1-72 所示。

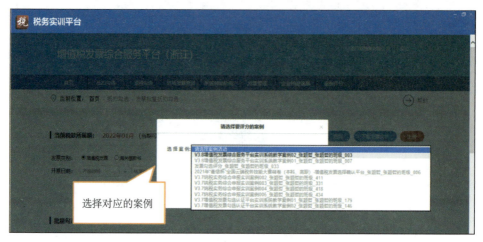

图 1-72　系统评分

【错误更正】

如果评分后成绩不理想,可以进行修改。重新登录增值税网上认证系统,根据案例选择对应的税款所属期,即可清除上次训练数据,重新训练。

总结与收获

(1) 请对本次增值税发票网上认证实务的操作过程进行总结。

------

(2) 通过本次课程的学习,你有哪些收获与体会?(可以从立德树人、创新创造、工匠精神培育、职业习惯养成等方面展开阐述)

工作任务考评

任务节点	技能要点	评分标准	自评	小组评	教师评
节点一 档案信息维护	填充相关信息	1. 独立完成且质量高,评为A 2. 独立完成质量较好,评为B 3. 在老师指导下完成任务,评为C 4. 在老师指导下仍不能完成任务,评为D			
节点二 认证日期修改	根据案例选择税款所属期	1. 独立完成且质量高,评为A 2. 独立完成质量较好,评为B 3. 在老师指导下完成任务,评为C 4. 在老师指导下仍不能完成任务,评为D			

续表

任务节点	技能要点	评 分 标 准	自评	小组评	教师评
节点三 发票勾选	找到该张发票进行勾选	1. 独立完成且质量高，评为 A 2. 独立完成质量较好，评为 B 3. 在老师指导下完成任务，评为 C 4. 在老师指导下仍不能完成任务，评为 D			
节点四 确认勾选	选择导航栏确认勾选项	1. 独立完成且质量高，评为 A 2. 独立完成质量较好，评为 B 3. 在老师指导下完成任务，评为 C 4. 在老师指导下仍不能完成任务，评为 D			
综合评价(A、B、C、D 档)					
综合评价(折合为百分制)					

学习活动三　增值税一般纳税人网上申报

学习目标

（1）能够掌握增值税一般纳税人纳税申报表的填制方法。
（2）能够独立办理增值税一般纳税人纳税申报工作。
（3）能够独立完成增值税一般纳税人税款缴纳工作。
（4）能够说出增值税一般纳税人纳税申报表填报的注意事项。

增值税一般纳税人网上申报视频

建议学时

4 学时

知识链接

（一）增值税一般纳税人税额的计算

增值税一般纳税人税额计算公式如下：

　　当期应纳税额＝当期销项税额－当期可抵扣进项税额－上期留抵的进项税额

　　当期销项税额＝含税销售收入÷(1＋适用税率)×适用税率

在计算应纳税额时会出现当期销项税额小于当期进项税额不足抵扣的情况。根据税法规定，当期进项税额不足抵扣的部分可以结转下期继续抵扣。

上期留抵进项税额是指增值税额的进项税额是上月未抵扣完，留到下月抵扣的进项税额，上期有留抵税额说明增值税进项大于销项，是不用交增值税的。

（二）销售额的确定

销售额是指纳税人发生应税销售行为向购买方收取的全部价款和价外费用，但不包括收取的销项税额。价外费用,包括价外向购买方收取的手续费、补贴、基金、集资费、返还利润、奖励费、违约金、滞纳金、延期付款利息、赔偿金、代收款项、代垫款项、包装费、包装物租金、储备费、优质费、运输装卸费及其他各项性质的价外收费。上述价外费用无论其会计制度如何核算,均应并入销售额计算销项税额。

(三) 增值税视同销售货物行为

视同销售的定义:提供货物的行为其本身不符合增值税税法中销售货物所定义的"有偿转让货物的所有权"条件,或不符合财务会计制度规定的"销售"条件,而增值税在征税时要视同为销售货物征税的行为。视同销售的前提:是会计上不确认收入,但税务上按照税法规定需要视同销售计税。

单位或者个体工商户的下列行为,视同销售货物:

(1) 将货物交付其他单位或者个人代销;

(2) 销售代销货物;

(3) 设有两个以上机构并实行统一核算的纳税人,将货物从一个机构移送其他机构用于销售,但相关机构设在同一县(市)的除外;

(4) 将自产或者委托加工的货物用于非增值税应税项目;

(5) 将自产、委托加工的货物用于集体福利或者个人消费;

(6) 将自产、委托加工或者购进的货物作为投资,提供给其他单位或者个体工商户;

(7) 将自产、委托加工或者购进的货物分配给股东或者投资者;

(8) 将自产、委托加工或者购进的货物无偿赠送其他单位或者个人。

注意:上述列举的8种情形,如果会计上有确认收入的,税务上就不需要再次"视同销售"。

纳税人有条例第七条所称价格明显偏低并无正当理由或者有本细则第四条所列视同销售货物行为而无销售额者,按下列顺序确定销售额。

(1) 按纳税人最近时期同类货物的平均销售价格确定。

(2) 按其他纳税人最近时期同类货物的平均销售价格确定。

(3) 按组成计税价格确定。组成计税价格的公式为:组成计税价格=成本×(1+成本利润率),属于应征消费税的货物,其组成计税价格中应加计消费税额。公式中的成本是指:销售自产货物的为实际生产成本,销售外购货物的为实际采购成本。公式中的成本利润率由国家税务总局确定。

(四) 增值税进项税额转出

进项税额转出就是将不可抵扣的进项税额(前期已经入账)转出到对应的存货成本里。实际在企业中,进项税额转出主要有以下两种情况:

(1) 纳税人购进的货物及在产品、产成品发生非正常损失;

(2) 纳税人购进的货物或应税劳务改变用途,例如用于非应税项目(在建工程)、免税项目或集体福利与个人消费等。

(五) 未开具发票销售额的计算

无票收入是指企业发生增值税应税行为未开具发票的不含或含增值税收入。无票收入只是形式上没有开具发票,但是收入确认的实质与其他类型的收入是一致的,必须符合收入确认的条件。

(六) 简易计税

一般纳税人发生财政部和国家税务总局规定的特定应税行为,可以选择适用简易计税方法计税,但一经选择,36个月内不得变更。

简易计税方法的应纳税额,是指按照销售额和增值税征收率计算的增值税额,不得抵扣进项税额。应纳税额计算公式为

$$应纳税额＝销售额（不含税）×征收率$$

（七）防伪税控系统技术维护费

根据财税〔2012〕15号规定,增值税纳税人2011年12月1日以后缴纳的技术维护费（不含补缴的2011年11月30日以前的技术维护费）,可凭技术维护服务单位开具的技术维护费发票,在增值税应纳税额中全额抵减,不足抵减的可结转下期继续抵减。技术维护费按照价格主管部门核定的标准执行。

工作任务描述

贝尔斯照明灯具制造有限公司为增值税一般纳税人,法人代表张云胜,企业地址在深圳市宝安区西乡街328号,电话号码0755-25941111,纳税人识别号914489430284900129,公司注册资金陆佰万元(600万元),注册时间为2016年2月1日,行业性质为加工制造业,开户银行为徽商银行松岗支行,开户行账号1506080988830290。

公司经营范围:主营各类家用节能灯产品、商业灯具产品、景观灯笼产品的加工生产,兼营灯具各类配件,并提供运输服务。

本月,该公司发生经济业务事项见案例资料(案例资料请从实训软件下载)。

要求:

(1) 请审查该公司增值税计算数据是否正确,并进行增值税纳税申报。

(2) 通过纳税申报数据,形成纳税申报表并依次保存,报表数据上报成功后,进入评分系统,选择相对应的案例进行系统评分。

想一想

根据工作任务描述,增值税一般纳税人在进行纳税申报时需要具备哪些依法纳税意识和职业素养?

_____

_____

工作流程

增值税一般纳税人网上申报实训流程如图1-73所示。

· 实训平台登录

实训平台登录如图1-74所示。

· 税款所属期的设置

税款所属期的设置如图1-75所示。

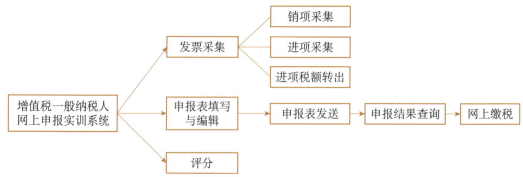

图 1-73　增值税一般纳税人网上申报实训流程

图 1-74　实训平台登录

图 1-75　税款所属期的设置

- **发票采集**

　　根据案例的要求，进行销项采集、进项采集、进行税额转出的填写，如图 1-76 和图 1-77 所示。

项目一　增值税开票、认证及申报实务

图 1-76　发票采集（1）

图 1-77　发票采集（2）

选择要修改的发票，单击"修改"，对于手工录入的发票，可以修改录入的所有信息；对于导入的发票，只能修改发票的属性（"允许抵扣""是否免税"等），如图 1-78 所示。

勾选多张需修改的发票，或按 Ctrl＋A 组合键选中全部发票，单击右键菜单中的"批量修改",打开"批量修改"窗口,如图 1-79 所示。选择您要修改的发票属性,如:"即征即退",然后单击"确定"进行修改,单击"取消"放弃修改。

图 1-78　录入信息

图 1-79　批量修改

进项税额转出额的录入与其他各类发票信息的录入有所不同,仅提供了录入功能,没有提供"增加""修改""删除"等功能。可直接在页面上录入或修改数据,单击"保存"即可。其中上期留底税额抵减欠税和上期留底税额退税两项第一次下载核定信息后,会自动核定取数,无须填写。但如果后期又重新下载过核定,不会再核定取数,这时候需要手动修改保存,保存时会校验这两项数据是否与核定一致。修改过后需要重新保存附表二才能保证附表二更新这两项数据,如图 1-80 所示。

图 1-80　进项税额转出额的录入

想一想

请写出增值税一般纳税人发票采集的要点。

• 申报表填写及编辑

单击"申报表填写及编辑"菜单项,打开申报表填写首页。根据当前纳税人核定信息,以及当前税款所属期,显示该纳税人需要办理的申报种类以及当前时间点的申报表填写状态,如图1-81所示。

图 1-81　申报表填写及编辑

想一想

请写出增值税一般纳税人申报表的填写要点。

• 申报表的发送

报表填写完毕之后,接下来是"申报表发送"。可以一次发送所有税种的申报资料,也可以分税种发送。注意:对于属于税务局核定的同一税种必须上报的申报资料,需一起发送,如图1-82所示。

报表发送后系统会提示是否发送成功,如已发送成功,提示如图1-83所示,需等待系统处理10秒后,单击"申报结果查询"获取反馈信息。只有申报结果查询页面显示该税种申报状态为"申报成功"才可证明申报已成功。反馈信息可通过"申报结果查询"功能查看。

图 1-82 发送申报表

图 1-83 成功发送报表

• 申报结果查询

"申报表发送"成功并不一定表明您当期的纳税申报工作已经完成,只有到"申报结果查询"页面查询到申报处理成功,如有税款且扣款成功后,才表明您已经完成当期申报纳税工作。纳税人可通过"申报结果查询"功能查询当前税款所属期的申报反馈信息,主要查看申报处理结果信息,例如申报成功。

申报结果查询:打开"申报结果查询"页面,如果存在申报状态为"申报处理中"的申报种类,需手动单击"申报结果查询"按钮获取最新申报反馈信息。

历史申报结果:单击"历史申报结果"按钮可跳转至历史申报表查询页面,该页面可查看和打印所有申报表,如图 1-84 所示。

图 1-84 申报结果查询

• 网上缴税

报表发送成功后,有税款的需要进行税款的缴纳,单击"网上缴税"进行交税。出现缴税信息的对话框,核实缴税信息,信息无误,单击"缴税",实现税款的缴纳,如图1-85所示。

图 1-85　网上缴税

实训评分及更正

【实训评分】

完成任务后,选中要评分的案例,单击"评分",进行成绩评判,如图1-86所示。

图 1-86　实训评分

【错误更正】

如果申报数据有误,单击"申报作废"按钮,出现需作废报表的选项卡,选中要作废的报表，单击"作废"，将申报表重置回未申报状态，操作界面，如图 1-87 所示。

图 1-87　错误更正

总结与收获

（1）请对本次增值税一般纳税人网上申报实务的操作过程进行总结。

_____
_____
_____

（2）通过本次课程的学习，你有哪些收获与体会？（可以从立德树人、创新创造、工匠精神培育、职业习惯养成等方面展开阐述）

_____
_____
_____

工作任务考评

任务节点	技能要点	评 分 标 准	自评	小组评	教师评
节点一 销项发票采集	正确采集销项发票	1. 独立完成且质量高，评为 A 2. 独立完成质量较好，评为 B 3. 在老师指导下完成任务，评为 C 4. 在老师指导下仍不能完成任务，评为 D			

续表

任务节点	技能要点	评 分 标 准	自评	小组评	教师评
节点二 进项发票采集	正确采集进项发票	1. 独立完成且质量高,评为 A 2. 独立完成质量较好,评为 B 3. 在老师指导下完成任务,评为 C 4. 在老师指导下仍不能完成任务,评为 D			
节点三 申报表编辑	正确编辑申报表	1. 独立完成且质量高,评为 A 2. 独立完成质量较好,评为 B 3. 在老师指导下完成任务,评为 C 4. 在老师指导下仍不能完成任务,评为 D			
节点四 申报表修改	申报的作废、删除	1. 独立完成且质量高,评为 A 2. 独立完成质量较好,评为 B 3. 在老师指导下完成任务,评为 C 4. 在老师指导下仍不能完成任务,评为 D			
节点五 申报更正	对申报数据进行更正	1. 独立完成且质量高,评为 A 2. 独立完成质量较好,评为 B 3. 在老师指导下完成任务,评为 C 4. 在老师指导下仍不能完成任务,评为 D			
综合评价(A、B、C、D 档)					
综合评价(折合为百分制)					

学习活动四 增值税小规模纳税人网上申报

学习目标

(1) 能够说出增值税小规模纳税人纳税申报表的填制方法。
(2) 能够独立办理增值税小规模纳税人纳税申报工作。
(3) 能够独立完成增值税小规模纳税人税款缴纳工作。
(4) 能够写出增值税小规模纳税人纳税申报表填报的注意事项。

增值税小规模
纳税人网上
申报视频

建议学时

2 学时

知识链接

(一) 增值税小规模纳税人销售额的计算

增值税小规模纳税人销售额的计算公式如下:

$$不含增值税销售额 = 含增值税销售额 \div (1 + 征收率)$$

（二）增值税小规模纳税人相关政策

（1）财政部税务总局公告2021年第7号：《财政部税务总局关于支持个体工商户复工复业增值税政策的公告》（财政部税务总局公告2020年第13号）规定的税收优惠政策，执行期限延长至2021年12月31日。其中，自2021年4月1日至2021年12月31日，湖北省增值税小规模纳税人适用3%征收率的应税销售收入，减按1%征收率征收增值税；适用3%预征率的预缴增值税项目，减按1%预征率预缴增值税。

（2）自2021年4月1日起，小规模纳税人发生增值税应税销售行为，合计月销售额未超过15万元（以1个季度为1个纳税期的，季度销售额未超过45万元，下同）的，免征增值税。小规模纳税人发生增值税应税销售行为，合计月销售额超过15万元，但扣除本期发生的销售不动产的销售额后未超过15万元的，其销售货物、劳务、服务、无形资产取得的销售额免征增值税。

自2022年4月1日至2022年12月31日，增值税小规模纳税人适用3%征收率的应税销售收入，免征增值税；适用3%预征率的预缴增值税项目，暂停预缴增值税。

（3）2023年1月1日至2023年12月31日，增值税小规模纳税人（以下简称小规模纳税人）发生增值税应税销售行为，合计月销售额未超过10万元（以1个季度为1个纳税期的，季度销售额未超过30万元，下同）的，免征增值税。小规模纳税人发生增值税应税销售行为，合计月销售额超过10万元，但扣除本期发生的销售不动产的销售额后未超过10万元的，其销售货物、劳务、服务、无形资产取得的销售额免征增值税。

工作任务描述

浙江雨视科技有限公司为增值税小规模纳税人，法人代表李云龙，企业地址在杭州市余杭区西乡街456号，电话号码0571-25941137，纳税人识别号8144894430284900116，公司注册资金叁佰万元（300万元），注册时间为2018年3月1日，行业性质为加工制造业，开户银行为徽商银行松岗支行，开户行账号1506080988830357。

公司经营范围：网络设备的研制和生产。

本月，该公司发生经济业务事项如下（案例资料请从实训软件下载）。

要求：

（1）请审查该公司增值税计算数据是否正确，并进行增值税小规模纳税人网上申报。

（2）根据纳税申报数据，形成纳税申报表并依次保存，报表数据上报成功后，进入评分系统，选择相对应的案例进行系统评分。

想一想

根据工作任务描述，增值税一般纳税人在进行纳税申报时需要具备哪些依法纳税意识和职业素养？

项目一 增值税开票、认证及申报实务

> 工作流程

增值税小规模纳税人网上申报流程如图 1-88 所示。

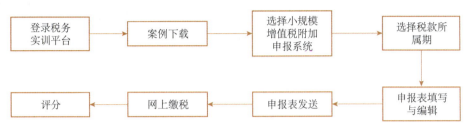

图 1-88 增值税小规模纳税人网上申报流程

- 实训平台登录

实训平台登录如图 1-89 和图 1-90 所示。

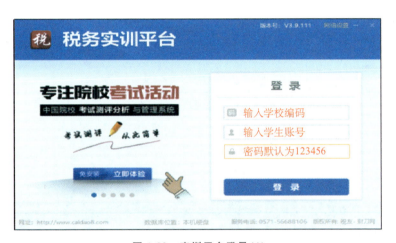

图 1-89 实训平台登录（1）

图 1-90 实训平台登录（2）

- **税款所属期的修改**

    税款所属期的修改如图 1-91 所示。

图 1-91　修改税款所属期

- **核定下载**

    核定下载如图 1-92 所示。

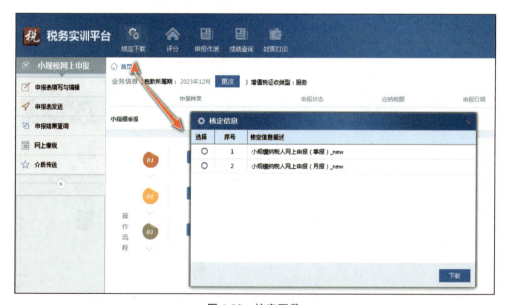

图 1-92　核定下载

项目一 增值税开票、认证及申报实务

• 打开申报表

打开申报表如图 1-93 所示。

图 1-93　打开申报表

• 附列资料申报表填写

附列资料申报表的填写如图 1-94 所示。

图 1-94　填写附列资料申报表

✎ 想一想

请写出增值税小规模纳税人与增值税一般纳税人的异同点。

_____

_____

• 增值税减免申报表填写

增值税减免申报表的填写如图 1-95 所示。

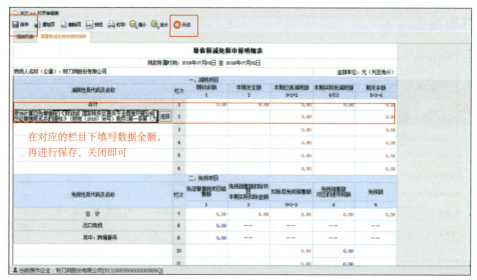

图 1-95　填写增值税减免申报表

- **申报表主表填写**

    申报表主表的填写如图 1-96 所示。

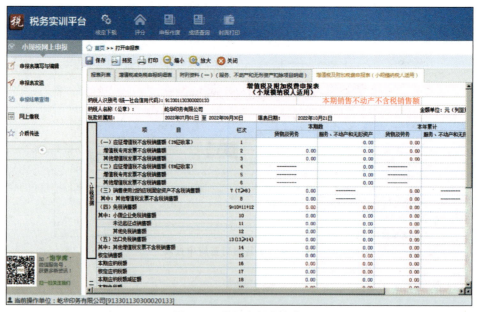

图 1-96　填写申报表主表

- **申报表发送**

    申报表的发送如图 1-97 所示。

- **申报表状态查询**

    申报表状态的查询如图 1-98 所示。

项目一 增值税开票、认证及申报实务 53

图 1-97 发送申报表

图 1-98 查询申报表状态

• 网上缴税

网上缴税如图 1-99 所示。

图 1-99 网上缴税

实训评分及更正

【实训评分】

完成任务后单击"评分",选中要评分的案例,单击"确定"进行成绩评判,如图 1-100 所示。

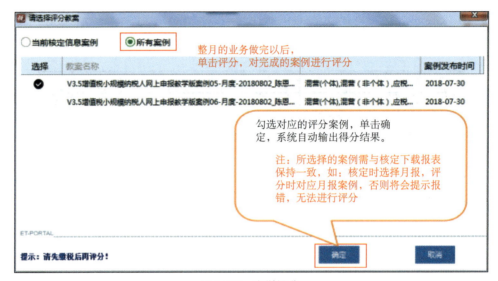

图 1-100　实训评分

【错误更正】

如果发现申报数据有误或者本月要做多套案例练习,可采用"申报作废",如图 1-101 所示。

图 1-101　错误更正

总结与收获

(1) 请对本次增值税小规模纳税人网上申报实务的操作过程进行总结。

_____
_____
_____

(2) 通过本次课程的学习,你在立德树人、创新创造、工匠精神培育、职业习惯养成等方面有哪些收获与体会?

_____
_____
_____
_____

工作任务考评

任务节点	技能要点	评分标准	自评	小组评	教师评
节点一 税款所属期的修改	正确修改税款所属期	1. 独立完成且质量高,评为A 2. 独立完成质量较好,评为B 3. 在老师指导下完成任务,评为C 4. 在老师指导下仍不能完成任务,评为D			
节点二 核定下载	正确进行核定下载	1. 独立完成且质量高,评为A 2. 独立完成质量较好,评为B 3. 在老师指导下完成任务,评为C 4. 在老师指导下仍不能完成任务,评为D			
节点三 申报表编辑	正确编辑申报表	1. 独立完成且质量高,评为A 2. 独立完成质量较好,评为B 3. 在老师指导下完成任务,评为C 4. 在老师指导下仍不能完成任务,评为D			
		综合评价(A、B、C、D档)			
		综合评价(折合为百分制)			

税收新篇

党的二十大提出要健全现代预算制度,优化税制结构,这为增值税的改革和发展提供了指导方向。同时,党的二十大还提出要完善支持绿色发展的财税、金融、投资、价格政策和标准体系,发展绿色低碳产业,这与增值税的征收和使用密切相关。

增值税作为我国的主要税种,对于国家财政收入和经济发展具有重要作用。为了适应现代预算制度的要求,增值税制度可以进行优化和改革,例如简化税率结构、降低税负、扩大抵扣范围等,以提高税收效率和公平性。此外,为了支持绿色发展,增值税可以通过税收优惠政策来鼓励企业采用绿色低碳技术和生产方式,减少资源浪费和环境污染。例如,对于符合环保标准的企业,可以给予一定的增值税减免或退税政策,以鼓励其发展绿色产业。同时,政府还可以通过增值税的征收和使用来推动绿色消费,例如对于环保产品和服务,可以实行低税率或免税政策,以鼓励消费者选择绿色产品和服务。此外,政府还可以通过投资和价格政策来引导社会资本流向绿色低碳产业,促进绿色发展。

总之,将党的二十大提出的健全现代预算制度和支持绿色发展的要求与增值税相结合,可以更好地发挥增值税的作用,推动经济社会的可持续发展。具体表现如下。

(1) 共同富裕:共同富裕是党的二十大精神的重要内容之一。增值税具有调节收入分配作用,可以通过增值税税制设计和税收优惠政策,促进经济的发展和社会的公平,实现共同富裕的目标。

(2) 创新驱动:党的二十大报告指出,要坚持创新驱动发展战略。增值税对企业创新具有激励作用,例如直接用于科学研究、科学试验和教学的进口仪器、设备免征增值税,提供技术转让、技术开发和与之相关的技术咨询、技术服务免征增值税,通过这些优惠政策,鼓励企业加大研发投入,推动技术创新和产业升级。

(3) 绿色发展:绿色发展是党的二十大精神的重要内容之一。增值税可以对环保产业和绿色经济提供支持,如对资源综合利用、节能环保等行业的税收优惠,促进经济的可持续发展。

(4) 法治精神:党的二十大提出要全面推进依法治国。在增值税的内容中,可以强调依法纳税的重要性,培养学生的法治意识。

项目二　企业所得税申报实务

本项目包括企业所得税查账征收预缴申报、企业所得税查账征收汇算清缴申报、企业所得税核定征收预缴申报、企业所得税核定征收汇算清缴申报四个学习活动。

项目目标

序号	学习活动名称	学习活动内容	应达到的技能和素质要求	结　果
1	企业所得税查账征收预缴申报	1. 企业所得税核定征收预缴税额的计算 2. 企业所得税查账征收预缴纳税申报	1. 准确计算企业所得税查账征收预缴税额 2. 独立办理企业所得税查账征收预缴纳税申报 3. 掌握企业所得税查账征收预缴纳税申报表填报注意事项	1. 能正确填写企业所得税查账征收预缴申报表 2. 能正确完成税款缴纳
2	企业所得税查账征收汇算清缴申报	1. 企业所得税查账征收汇算清缴税额的计算 2. 企业所得税查账征收汇算清缴纳税申报	1. 准确计算企业所得税查账征收汇算清缴税额 2. 独立办理企业所得税查账征收汇算清缴纳税申报 3. 掌握企业所得税查账征收汇算清缴纳税申报表填报注意事项	1. 能正确填写企业所得税查账征收汇算清缴申报表 2. 能正确完成税款缴纳
3	企业所得税核定征收预缴申报	1. 企业所得税核定征收预缴税额的计算 2. 企业所得税核定征收预缴税额纳税申报	1. 准确计算企业所得税核定征收预缴税额 2. 独立办理企业所得税核定征收预缴税额纳税申报 3. 掌握企业所得税核定征收预缴税额纳税申报表填报注意事项	1. 能正确填写企业所得税核定征收预缴税额申报表 2. 能正确完成税款缴纳
4	企业所得税核定征收汇算清缴申报	1. 企业所得税核定征收汇算清缴税额的计算 2. 企业所得税核定征收汇算清缴纳税申报	1. 准确计算企业所得税核定征收汇算清缴税额 2. 独立办理企业所得税核定征收汇算清缴纳税申报 3. 掌握企业所得税核定征收汇算清缴纳税申报表填报注意事项	1. 能正确填写企业所得税核定征收汇算清缴申报表 2. 能正确完成税款缴纳

工作任务

（1）贝尔斯照明灯具制造有限公司为增值税一般纳税人，企业所得税征收方式为查账征收。请根据该公司上年度经济业务事项的内容,完成该公司上年度企业所得税查账征收汇算清缴申报工作任务。

(2) 贝尔斯照明灯具制造有限公司为增值税一般纳税人,企业所得税征收方式为查账征收,请根据该公司本月经济业务事项的内容,完成该公司本月企业所得税查账征收申报工作任务。

(3) 浙江雨视科技有限公司为增值税小规模纳税人,企业所得税征收方式为核定征收,请根据该公司上年度经济业务事项的内容,完成该公司上年度企业所得税核定征收汇算清缴申报工作任务。

(4) 浙江雨视科技有限公司为增值税小规模纳税人,企业所得税征收方式为核定征收,请根据该公司本月经济业务事项的内容,完成该公司本月企业所得税核定征收申报工作任务。

思维导图

项目二思维导图如图 2-1 所示。

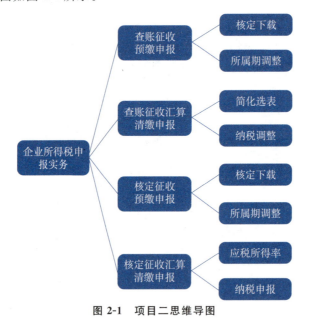

图 2-1 项目二思维导图

学习活动一 企业所得税查账征收预缴申报

学习目标

(1) 能够计算企业所得税查账征收预缴应缴所得税税额。
(2) 能够独立办理企业所得税查账征收预缴纳税申报工作。
(3) 能够写出企业所得税查账征收预缴申报表填报注意事项。

企业所得税查账征收预缴申报视频

建议学时

2学时

知识链接

企业所得税查账征收预缴纳税申报,是指企业所得税查账征收纳税人依照税收法律法规、规章及其他有关企业所得税的规定,自行计算月度或季度预缴的企业所得税数额,并填写月度或季度企业所得税纳申报表的行为。

(一)企业所得税税率

企业所得税基本税率为25%。按年计征,分月或分季度预缴,年终汇算清缴,多退少补。按月或按季预缴的,应当在月份或季度终了之日起15日内,向税务机关报送预缴企业所得税纳税申报表,预缴税款。

(二)小型微利企业税收优惠政策

小型微利企业是指从事国家非限制和禁止行业,且同时符合年度应纳税所得额不超过300万元、从业人数不超过300人、资产总额不超过5000万元等三个条件的企业。

(1)财政部税务总局公告2021年第12号

2021年1月1日至2022年12月31日,对小型微利企业年应纳税所得额不超过100万元的部分,在《财政部税务总局关于实施小微企业普惠性税收减免政策的通知》(财税〔2019〕13号)第二条规定的优惠政策基础上,再减半征收企业所得税。

(2)财税〔2019〕13号

2019年1月1日至2021年12月31日,对小型微利企业年应纳税所得额不超过100万元的部分,减按25%计入应纳税所得额,按20%的税率缴纳企业所得税;对年应纳税所得额超过100万元但不超过300万元的部分,减按50%计入应纳税所得额,按20%的税率缴纳企业所得税。

(3)财政部税务总局公告2023年第6号

根据《财政部税务总局关于小微企业和个体工商户所得税优惠政策的公告》(财政部税务总局公告2023年第6号)规定:自2023年1月1日至2024年12月31日,对小型微利企业年应纳税所得额不超过100万元的部分,减按25%计入应纳税所得额,按20%的税率缴纳企业所得税。

(三)固定资产一次性扣除政策

(1)《财政部税务总局关于设备器具扣除有关企业所得税政策的通知》(财税〔2018〕54号)规定:企业在2018年1月1日至2020年12月31日期间新购进的设备、器具,单位价值不超过500万元的,允许一次性计入当期成本费用在计算应纳税所得额时扣除,不再分年度计算折旧。

(2)《财政部税务总局关于延长部分税收优惠政策执行期限的公告》(财政部税务总局公告2021年第6号)规定,上述税收优惠政策凡已经到期的,执行期限延长至2023年12月31日。

工作任务描述

贝尔斯照明灯具制造有限公司为增值税一般纳税人,企业所得税征收方式为查账征收,按照实际利润预缴方式预缴企业所得税。纳税人识别号9144894302849001 29,公司注册资金陆佰万元(600万元),注册时间为2016年2月1日,行业性质为加工制造业,开户银行为徽商银行松岗支行,开户行账号1506080988830290。

公司经营范围:主营各类家用节能灯产品、商业灯具产品、景观灯笼产品的加工生产,兼营灯具各类配件,并提供运输服务。

本月,该公司发生经济业务事项见案例资料(案例资料请从实训软件下载)。

要求:

(1) 请审查该公司企业所得税预缴所得税税额是否正确,并进行企业所得税查账征收月(季)度纳税申报。

(2) 根据纳税申报数据,形成纳税申报表并依次保存,报表数据上报成功后,进入评分系统,选择相对应的案例进行系统评分。

想一想

根据工作任务描述,企业所得税查账征收在进行预缴申报时需要具备哪些依法纳税意识和职业素养?

工作流程

企业所得税查账征收预缴申报流程如图2-2所示。

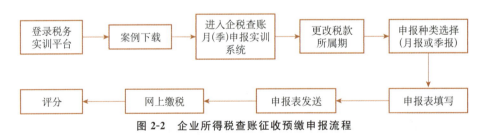

图2-2 企业所得税查账征收预缴申报流程

- **实训平台登录**

  登录"企税"模块,再选择"企税查账月(季度)申报实训系统",如图2-3和图2-4所示。

- **税款所属期的修改**

  税款所属期的修改如图2-5所示。

项目二 企业所得税申报实务

图 2-3　登录实训平台（1）

图 2-4　登录实训平台（2）

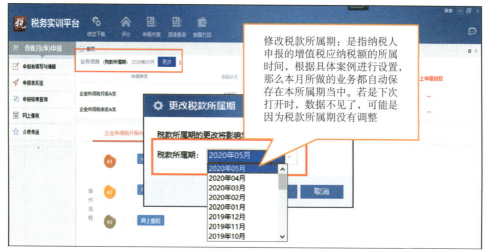

图 2-5　修改税款所属期

想一想

在进行企业所得税查账征收月(季)度纳税申报实训时,为什么需要修改税款所属期?

- **核定下载**

  核定下载如图 2-6 所示。

图 2-6　核定下载

- **申报表填写**

  申报表填写如图 2-7 和图 2-8 所示。

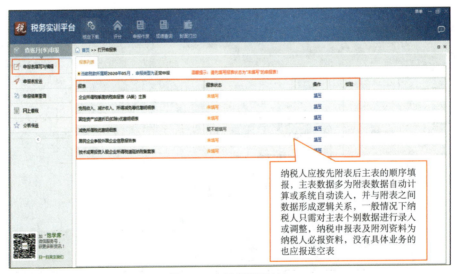

纳税人应按先附表后主表的顺序填报,主表数据多为附表数据自动计算或系统自动读入,并与附表之间数据形成逻辑关系,一般情况下纳税人只需对主表个别数据进行录入或调整,纳税申报表及附列资料为纳税人必报资料,没有具体业务的也应报送空表

图 2-7　申报表填写(1)

项目二 企业所得税申报实务

图 2-8 申报表填写（2）

- 申报表发送

申报表发送如图 2-9 所示。

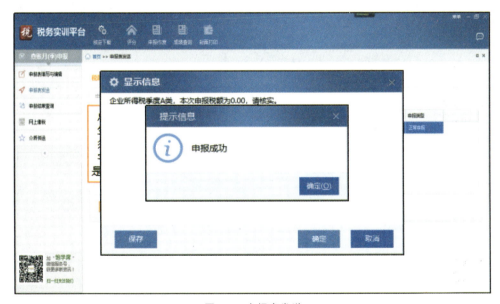

图 2-9 申报表发送

- 申报状态查询

申报表状态查询如图 2-10 所示。

- 网上缴税

网上缴税如图 2-11 所示。

图 2-10　申报表状态查询

图 2-11　网上缴税界面

实训评分及更正

【实训评分】

完成任务后,单击"评分",出现评分案例的选项卡,选中要评分的案例,单击"确定"进行成绩评判。操作界面如图 2-12 所示。

图 2-12　实训评分

【错误更正】

若发现申报数据有误，单击"申报作废"按钮，出现需作废报表的选项卡，选中要作废的报表，单击"作废"，将申报表重置回未申报状态，操作界面，如图 2-13 所示。

图 2-13　错误更正界面

总结与收获

（1）请对本次企业所得税查账征收月（季度）申报实务的操作过程进行总结。
_____
_____
_____

（2）通过本次课程的学习，你有哪些收获与体会？（可以从立德树人、创新创造、工匠精神培育、职业习惯养成等方面展开阐述）
_____
_____
_____

工作任务考评

任务节点	技能要点	评分标准	自评	小组评	教师评
节点一 核定下载	正确进行核定下载	1. 独立完成且质量高，评为A 2. 独立完成质量较好，评为B 3. 在老师指导下完成任务，评为C 4. 在老师指导下仍不能完成任务，评为D			
节点二 更改税款所属期	正确更改税款所属期	1. 独立完成且质量高，评为A 2. 独立完成质量较好，评为B 3. 在老师指导下完成任务，评为C 4. 在老师指导下仍不能完成任务，评为D			
节点三 申报表填写	正确编辑填写申报表	1. 独立完成且质量高，评为A 2. 独立完成质量较好，评为B 3. 在老师指导下完成任务，评为C 4. 在老师指导下仍不能完成任务，评为D			
节点四 申报更正	对申报数据进行更正	1. 独立完成且质量高，评为A 2. 独立完成质量较好，评为B 3. 在老师指导下完成任务，评为C 4. 在老师指导下仍不能完成任务，评为D			
综合评价(A、B、C、D档)					
综合评价(折合为百分制)					

学习活动二　企业所得税查账征收汇算清缴申报

企业所得税查账
征收汇算清缴
申报视频

学习目标

（1）能够计算企业所得税查账征收汇算清缴所得税税额。
（2）能够独立办理企业所得税查账征收汇算清缴纳税申报工作。
（3）能够写出企业所得税查账征收汇算清缴申报表填报注意事项。

建议学时

4学时

知识链接

企业所得税查账征收汇算清缴，是指企业所得税查账征收纳税人在纳税年度终了后，在规定时期内，依照税收法律法规、规章及其他有关企业所得税的规定，自行计算全年应纳税所得额和应纳所得税额，根据月度或季度预缴的所得税数额，确定该年度应补或应退税额，并填写年度企业所得税纳税申报表，向主管税务机关办理年度企业所得税纳税申报、提供税务机关要求提供的有关资料、结清全年企业所得税税款的行为。

财税〔2009〕29号《财政部国家税务总局关于企业手续费及佣金支出税前扣除政策的通知》规定，企业发生与生产经营有关的手续费及佣金支出，不超过以下规定计算限额以内的部分，准予扣除；超过部分，不得扣除。其他企业：按与具有合法经营资格中介服务机构或个人（不含交易双方及其雇员、代理人和代表人等）所签订服务协议或合同确认的收入金额的5%计算限额。

国税函〔2008〕875号《国家税务总局关于确认企业所得税收入若干问题的通知》规定，企业因售出商品的质量不合格等原因而在售价上给的减让属于销售折让；企业因售出商品质量、品种不符合要求等原因而发生的退货属于销售退回。企业已经确认销售收入的售出商品发生销售折让和销售退回，应当在发生当期冲减当期销售商品收入。

国家税务总局公告2018年第28号《企业所得税税前扣除凭证管理办法》规定，企业从境外购进货物或劳务发生的支出，以对方开具的发票或具有发票性质的收款凭证、相关税费缴纳凭证作为税前扣除凭证。

财税〔2018〕51号《关于企业职工教育经费税前扣除政策的通知》，自2018年1月1日起，企业发生的职工教育经费支出，不超过工资薪金总额8%的部分，准予在计算企业所得税应纳税所得额时扣除；超过部分，准予在以后纳税年度结转扣除。

工作任务描述

贝尔斯照明灯具制造有限公司为增值税一般纳税人，企业所得税征收方式为查账征收，按照实际利润预缴方式预缴企业所得税。法人代表张云胜,企业地址在深圳市宝安区西乡街328号,电话号码0755-25941111,纳税人识别号91448943O284900129,公司注册资金陆佰万元(600万元),注册时间为2016年2月1日,行业性质为加工制造业,开户银行为徽商银行松岗支行,开户行账号1506080988830290。

公司经营范围:主营各类家用节能灯产品、商业灯具产品、景观灯笼产品的加工生产,兼营灯具各类配件,并提供运输服务。

上年度,该公司发生经济业务事项见案例资料(案例资料请从实训软件下载)。

要求:

(1)请审查该公司上年度企业所得税汇算清缴计算数据是否正确,并进行企业所得税汇算清缴纳税申报。

(2)根据纳税申报数据,形成纳税申报表并依次保存,报表数据上报成功后,进入评分系统,选择相对应的案例进行系统评分。

 想一想

根据工作任务描述,企业所得税查账征收在进行汇算清缴时需要具备哪些依法纳税意识和职业素养?

工作流程

企业所得税查账征收汇算清缴申报流程如图2-14所示。

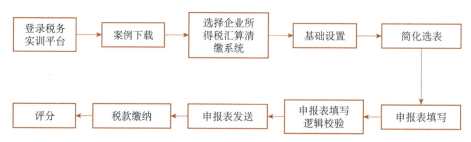

图2-14 企业所得税查账征收汇算清缴申报流程

• **实训平台登录**

单击"企税",选择相应的要填报的企业所得税类型,进入企业所得税申报功能界面,如图2-15和图2-16所示。

项目二 企业所得税申报实务 69

图 2-15　实训平台登录界面（1）

图 2-16　实训平台登录界面（2）

• 所属期的设定

根据具体案例来修改税款所属期，本月所做的业务都会自动保存在本所属期当中。如果下次打开时数据不见了，可能是因为税款所属期没有调整，如图 2-17 所示。

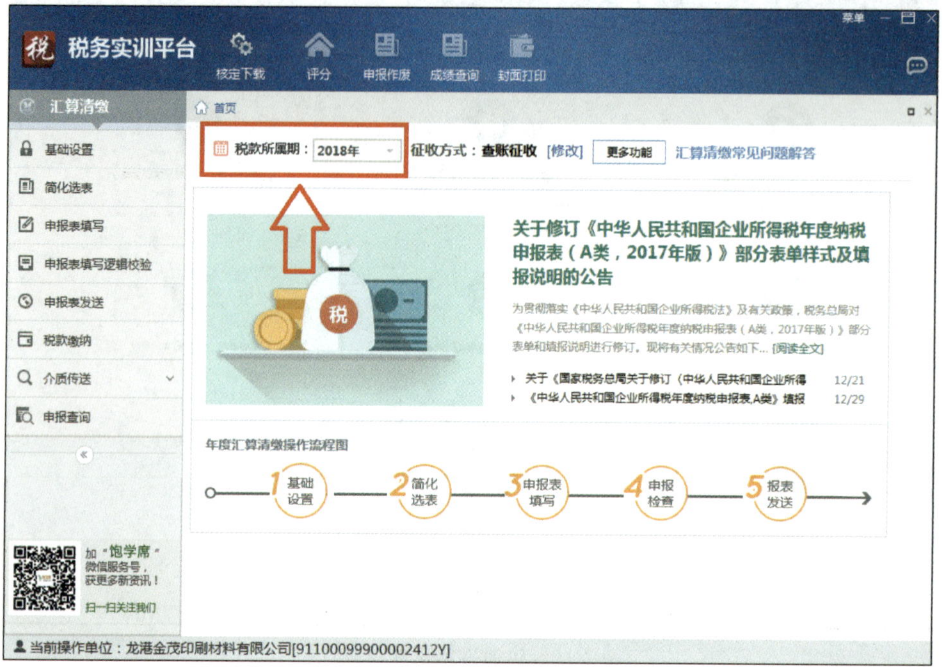

图 2-17 所属期的设定

- **基础设置**

进行纳税人基础信息表格的填写,确认企业信息,方便企业所得税的申报,如图 2-18 所示。

图 2-18 基础设置

选择"基础设置→纳税人信息"进入纳税人信息报表界面,根据右侧的填表说明填写信息表,如图 2-19 所示。

在完整填写报表后单击保存完成纳税人信息表。选择"基础设置→法定比例",如图 2-20 所示。

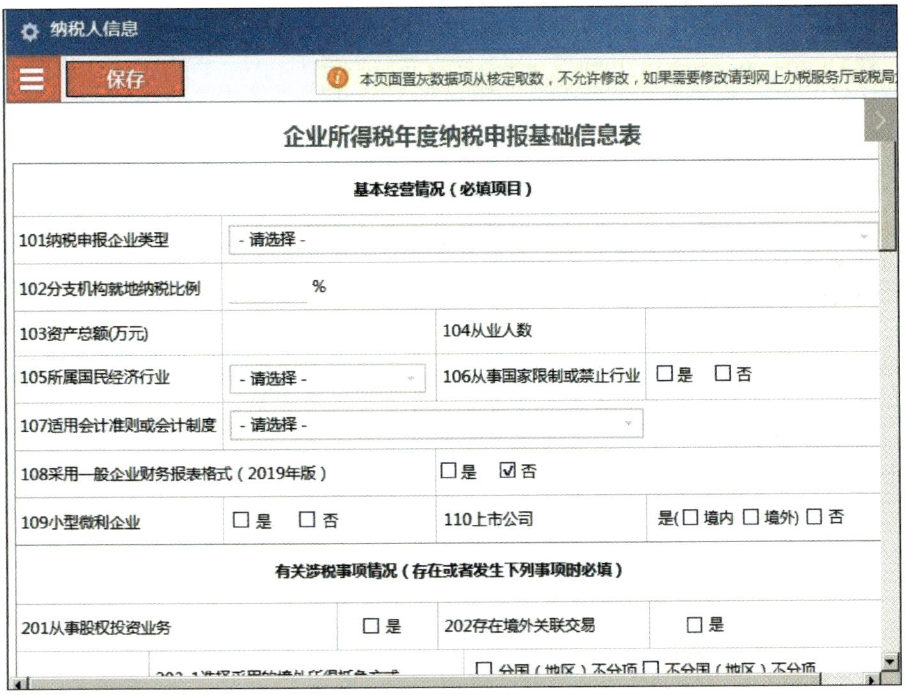

项目二　企业所得税申报实务

图 2-19　填写纳税人信息

图 2-20　选择税收规定扣除率

　　进入页面后会根据实际情况修改扣除率，左边有对应项目扣除率的说明，完成后单击"保存"。选择"基础设置→预缴及结转信息"，进入页面后根据实际公司预缴及结存的金额填写，左边有相对应项目的填表信息，完成填表后单击"保存"，如图 2-21 所示。

图 2-21　预缴及结转信息

• **简化报表**

目前最新的企业所得税年度申报表共有 43 张，适用于不同的业务内容。如果不经筛选，纳税人填报时将无比烦琐且很可能无从下手。纳税人可根据年度所得税申报表业务特性，筛选出企业本年度需填写的申报表，以此简化年度汇算清缴工作。

选择"汇算清缴→简化报表"进入企业所得税简化报表功能页面，如图 2-22 所示。

图 2-22　简化报表

在简化报表页面可以选择性进行手工报表不填写选择,单击修改填报和不填报,如图 2-23 所示。

| A101010 | 一般企业收入明细表 | ◉ | ○ |
| A101020 | 金融企业收入明细表 | ○ | ◉ |

图 2-23　选择简化报表

想一想

简化选表包括哪些功能?如何在简化选表中筛选出需要填写的报表?

- **申报表填写**

选择"汇算清缴→申报表填写"进入企业所得税申报表填写界面,如图 2-24 所示。

图 2-24　申报表填写

核定征收企业申报,如图 2-25 所示。

图 2-25　核定征收企业申报

查账征收—汇总缴纳分支机构申报，如图 2-26 所示。

图 2-26　查账征收—汇总缴纳分支机构申报

选中需要填写的报表，单击后进入报表页面（以查账征收—非汇总缴纳分支机构为例），如图 2-27 所示。

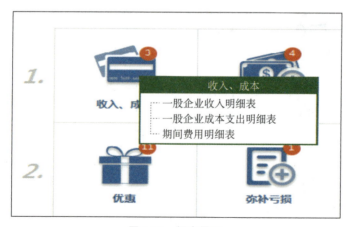

图 2-27　报表界面

填写相关数据，确保报表数据完整准确后单击左上角"保存"后保存填写完成的报表，如图 2-28 所示。

项目二 企业所得税申报实务 75

图 2-28 填写相关数据

在填写报表时,选中对应数据单元格后右侧会出现相关报表填写指南,如图 2-29 所示。

图 2-29 相关报表填写指南

单击左上角可以切换报表,减少保存后退出再进的操作,如图 2-30 所示。

图 2-30 切换报表

单击进入"企业所得税年度申报表",在报表中大部分数据都是通过报表间自由钻取填写,如图 2-31 所示。

图 2-31 报表钻取

👉 想一想

在表格中黑色字体单元格代表可以编辑单元格;红色字体单元格代表合计不可编辑单元格。钻取功能代表可以在原始表格未保存情况下打开另外一张报表,在保证原始报表数据不丢失的同时,又能对新打开报表的数据进行更新保存。请问上述说法是否正确?

• 税收遵从风险提示

本功能模块主要完成企业所得税年度申报表(A类)的填写检查,以帮助企业发现申报表填写问题。选择"汇算清缴→申报表自查"进入所得税申报检查界面,如图2-32所示。

图2-32 税收遵从风险提示

单击"检查"对企业所得税年度申报进行疑点检查,如图2-33所示。

图2-33 疑点检查

单击"查看详情",弹出"报表填写完整性检查"对话框(见图2-34),可以对存在风险的疑点进行查看。

针对报表填写完整性检查存在的疑点，单击"无须填报"按钮，单击"确定该表单无须填报"就可以不再填报此报表。（在此处单击"无须填报"后仍可以在简化报表界面下选择"填报"再次填写申报）。针对其他检查问题，单击操作列中的表单名称，弹出当前表单对应的表单填写页面进行修改。完成表单修改后，单击保存按钮，保存数据，单击关闭弹出表单，回到当前的检查结果详情页面。

图 2-34　报表填写完整性检查

• 申报表发送

选择"汇算清缴→申报表发送"进入报表申报发送页面。选中需要申报的报表种类，确认后单击"申报表发送"就可以发送申报表，如图 2-35 所示。

图 2-35　申报表发送

• 税款缴纳

单击"税款缴纳"，出现缴税信息的对话框，核实缴税信息，如果信息无误，单击"缴税"，进行税款的缴纳,操作界面如图 2-36 所示。

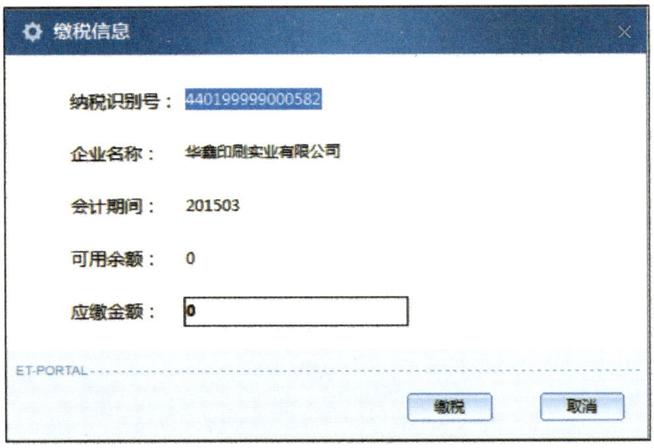

图 2-36　税款缴纳

实训评分及更正

【实训评分】

学生模拟企业完成实训案例后,可对该知识点的掌握程度进行考评。单击"评分"后,会出现评分案例的选项卡,选中要评分的案例,单击"确定",进行成绩评判。操作界面如图 2-37 所示。

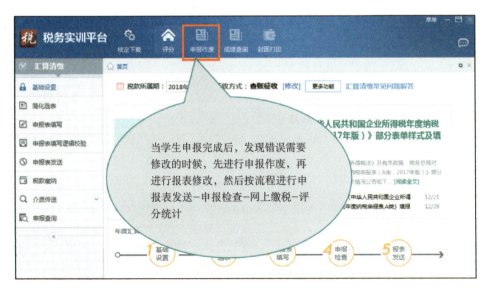

图 2-37　实训评分界面

【错误更正】

如果发现申报数据有误,单击"申报作废"按钮,出现需作废报表的选项卡,选中要作废的报表,单击"确定",将申报表重置回未申报状态,操作界面,如图 2-38 所示。

图 2-38　错误更正

总结与收获

（1）请对本次企业所得税查账征收汇算清缴实务的操作过程进行总结。

（2）通过本次课程的学习，你有哪些收获与体会？（可以从立德树人、创新创造、工匠精神培育、职业习惯养成等方面展开阐述）

工作任务考评

任务节点	技能要点	评 分 标 准	自评	小组评	教师评
节点一 基础设置	正确填写纳税人基础信息表格	1. 独立完成且质量高，评为 A 2. 独立完成质量较好，评为 B 3. 在老师指导下完成任务，评为 C 4. 在老师指导下仍不能完成任务，评为 D			

续表

任务节点	技能要点	评 分 标 准	自评	小组评	教师评
节点二 简化报表	根据案例选出适用的表格	1. 独立完成且质量高,评为 A 2. 独立完成质量较好,评为 B 3. 在老师指导下完成任务,评为 C 4. 在老师指导下仍不能完成任务,评为 D			
节点三 申报表填写	正确填写申报表	1. 独立完成且质量高,评为 A 2. 独立完成质量较好,评为 B 3. 在老师指导下完成任务,评为 C 4. 在老师指导下仍不能完成任务,评为 D			
节点四 税收遵从 风险提示	对申报数据进行修改更正	1. 独立完成且质量高,评为 A 2. 独立完成质量较好,评为 B 3. 在老师指导下完成任务,评为 C 4. 在老师指导下仍不能完成任务,评为 D			
综合评价(A、B、C、D 档)					
综合评价(折合为百分制)					

学习活动三　企业所得税核定征收预缴申报

企业所得税核定征收预缴申报视频

学习目标

(1) 能够计算企业所得税核定征收预缴所得税税额。
(2) 能够独立办理企业所得税核定征收预缴纳税申报工作。
(3) 能够写出企业所得税核定征收预缴申报表填报注意事项。

建议学时

2 学时

知识链接

企业所得税核定征收预缴纳税申报,是指企业所得税核定征收纳税人依照税收法律法规、规章及其他有关企业所得税的规定,自行计算月度或季度预缴的企业所得税数额,并填写月度或季度企业所得税纳申报表的行为。

工作任务描述

浙江雨视科技有限公司为增值税小规模纳税人,法人代表李云龙,企业地址在杭州市余杭区西乡街456号,电话号码0571－25941137,纳税人识别号8144894302849001l6,公司注册资金叁佰万元(300万元),注册时间为2018年3月1日,行业性质为加工制造业,开户银行为徽商银行松岗支行,开户行账号1506080988830357。

公司经营范围:网络设备的研制和生产。

本月,该公司发生经济业务事项如下(案例资料另发)。

要求:

(1) 请审查该公司本月企业所得税核定征收预缴应纳税额是否正确,并进行企业所得税核定征收预缴纳税申报。

(2) 根据纳税申报数据,形成纳税申报表并依次保存,报表数据上报成功后,进入评分系统,选择相对应的案例进行系统评分。

 想一想

根据工作任务描述,完成企业所得税核定征收预缴需要具备哪些依法纳税意识和职业素养?

工作流程

企业所得税核定征收预缴申报流程如图2-39所示。

图 2-39 企业所得税核定征收预缴申报流程

- **实训平台登录**

实训平台登录界面如图2-40所示。

图 2-40 实训平台登录界面

- 税款所属期的修改

    税款所属期的修改如图 2-41 所示。

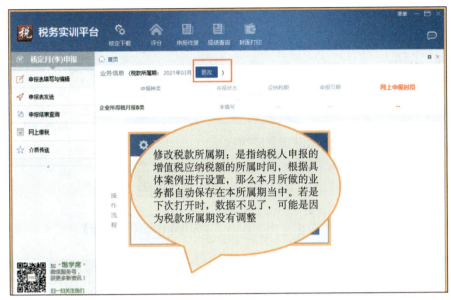

图 2-41　税款所属期的修改

- 申报表填写

    申报表填写如图 2-42 所示。

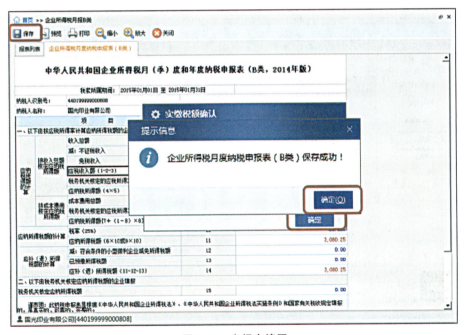

图 2-42　申报表填写

- 申报表发送

申报表发送如图 2-43 所示。

图 2-43　申报表发送

- 网上缴税

网上缴税如图 2-44 所示。

图 2-44　网上缴税

实训评分及更正

【实训评分】

完成任务后,单击"评分",出现评分案例的选项卡,选中要评分的案例,单击"确定"进行成绩评判。操作界面如图 2-45 所示。

图 2-45　实训评分界面

【错误更正】

如果发现申报数据有误,单击"申报作废"按钮,出现需作废报表的选项卡,选中要作废的报表,单击"确定",将申报表重置回未申报状态,操作界面,如图 2-46 所示。

图 2-46　错误更正界面

总结与收获

（1）请对本次企业所得税核定征收月（季度）申报实务的操作过程进行总结。

_____

_____

_____

（2）通过本次课程的学习，你有哪些收获与体会？（可以从立德树人、创新创造、工匠精神培育、职业习惯养成等方面展开阐述）

_____

_____

_____

工作任务考评

任务节点	技能要点	评分标准	自评	小组评	教师评
节点一 核定下载	正确进行核定下载	1. 独立完成且质量高，评为A 2. 独立完成质量较好，评为B 3. 在老师指导下完成任务，评为C 4. 在老师指导下仍不能完成任务，评为D			
节点二 更改税款 所属期	正确更改税款所属期	1. 独立完成且质量高，评为A 2. 独立完成质量较好，评为B 3. 在老师指导下完成任务，评为C 4. 在老师指导下仍不能完成任务，评为D			
节点三 申报表填写	正确编辑填写申报表	1. 独立完成且质量高，评为A 2. 独立完成质量较好，评为B 3. 在老师指导下完成任务，评为C 4. 在老师指导下仍不能完成任务，评为D			
节点四 申报更正	对申报数据进行更正	1. 独立完成且质量高，评为A 2. 独立完成质量较好，评为B 3. 在老师指导下完成任务，评为C 4. 在老师指导下仍不能完成任务，评为D			
		综合评价（A、B、C、D档）			
		综合评价（折合为百分制）			

学习活动四　企业所得税核定征收汇算清缴申报

企业所得税核定征收汇算清缴申报视频

学习目标

（1）能够计算企业所得税核定征收汇算清缴所得税税额。
（2）能够独立办理企业所得税核定征收汇算清缴纳税申报工作。
（3）能够写出企业所得税核定征收汇算清缴申报表填报注意事项。

建议学时

2学时

知识链接

核定征收税款是指由于纳税人的会计账簿不健全，资料残缺难以查账，或者其他原因难以准确确定纳税人应纳税额时，由税务机关采用合理的方法依法核定纳税人应纳税款的一种征收方式，简称核定征收。

企业所得税核定征收汇算清缴，是指企业所得税核定征收纳税人在纳税年度终了后，在规定时期内，依照税收法律法规、规章及其他有关企业所得税的规定，自行计算全年应纳税所得额和应纳所得税额，根据月度或季度预缴的所得税数额，确定该年度应补或应退税额，并填写年度企业所得税纳税申报表，向主管税务机关办理年度企业所得税纳税申报、提供税务机关要求提供的有关资料、结清全年企业所得税税款的行为。

根据国税发〔2008〕30号关于印发《企业所得税核定征收办法》（试行）的通知第六条规定，采用应税所得率方式核定征收企业所得税的，应纳所得税额计算公式如下：

$$应纳所得税额 = 应纳税所得额 \times 适用税率$$
$$应纳税所得额 = 应税收入额 \times 应税所得率$$

或

$$应纳税所得额 = \frac{成本（费用）支出额}{1-应税所得率} \times 应税所得率$$

小型微利企业无论是按查账征收方式还是按核定征收方式缴纳企业所得税，均可享受优惠政策（详见"企业所得税查账征收月（季）度纳税申报"）。

工作任务描述

浙江雨视科技有限公司为增值税小规模纳税人，法人代表李云龙，企业地址在杭州市余杭区西乡街456号，电话号码0571-25941137，纳税人识别号8144894430284900116，公司注册资金叁佰万元（300万元），注册时间为2018年3月1日，行业性质为加工制造业，开户银行为徽商银行松岗支行，开户行账号1506080988830357。

公司经营范围：网络设备的研制和生产。

上年度，该公司发生经济业务事项如下（案例资料另发）。

要求：

（1）请审查该公司上年度企业所得税核定征收汇算清缴应纳税额是否正确，并进行企业所得税核定征收汇算清缴纳税申报。

（2）根据纳税申报数据，形成纳税申报表并依次保存，报表数据上报成功后，进入评分系统，选择相对应的案例进行系统评分。

 想一想

根据工作任务描述，完成企业所得税核定征收汇算清缴需要具备哪些依法纳税意识和职业素养？

工作流程

企业所得税核定征收汇算清缴申报流程如图 2-47 所示。

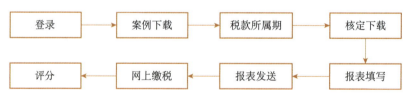

图 2-47　企业所得税核定征收汇算清缴申报流程

- **实训平台登录**

实训平台登录界面如图 2-48 所示。

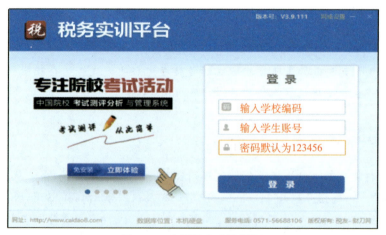

图 2-48　实训平台登录界面

- 税款所属期的修改

    税款所属期的修改如图 2-49 所示。

图 2-49　税款所属期的修改

- 申报表填写

    申报表填写如图 2-50 和图 2-51 所示。

图 2-50　申报表填写(1)

- 申报表发送

    申报表发送如图 2-52 所示。

图 2-51　申报表填写（2）

图 2-52　申报表发送

- 网上缴税

网上缴税如图 2-53 所示。

项目二　企业所得税申报实务

图 2-53　网上缴税

实训评分及更正

【实训评分】

完成任务后,单击"评分",出现评分案例的选项卡,选中要评分的案例,单击"确定",进行成绩评判,如图 2-54 所示。

图 2-54　实训评分

【错误更正】

如果发现申报数据有误,单击"申报作废"按钮,出现需作废报表的选项卡,选中要作废的报表,单击"确定",将申报表重置回未申报状态,操作界面,如图 2-55 所示。

图 2-55 错误更正

总结与收获

（1）请对本次企业所得税核定征收汇算清缴实务的操作过程进行总结。

....

....

（2）通过本次课程的学习，你有哪些收获与体会？（可以从立德树人、创新创造、工匠精神培育、职业习惯养成等方面展开阐述）

....

....

工作任务考评

任务节点	技能要点	评分标准	自评	小组评	教师评
节点一 核定下载	正确进行核定下载	1. 独立完成且质量高，评为 A 2. 独立完成质量较好，评为 B 3. 在老师指导下完成任务，评为 C 4. 在老师指导下仍不能完成任务，评为 D			
节点二 更改税款所属期	正确更改税款所属期	1. 独立完成且质量高，评为 A 2. 独立完成质量较好，评为 B 3. 在老师指导下完成任务，评为 C 4. 在老师指导下仍不能完成任务，评为 D			

续表

任务节点	技能要点	评 分 标 准	自评	小组评	教师评
节点三 申报表填写	正确编辑填写申报表	1. 独立完成且质量高,评为 A 2. 独立完成质量较好,评为 B 3. 在老师指导下完成任务,评为 C 4. 在老师指导下仍不能完成任务,评为 D			
节点四 申报更正	对申报数据进行更正	1. 独立完成且质量高,评为 A 2. 独立完成质量较好,评为 B 3. 在老师指导下完成任务,评为 C 4. 在老师指导下仍不能完成任务,评为 D			
综合评价(A、B、C、D 档)					
综合评价(折合为百分制)					

税收新篇

党的二十大提出共同富裕是中国特色社会主义的本质要求,也是一个长期的历史过程。我们坚持把实现人民对美好生活的向往作为现代化建设的出发点和落脚点,着力维护和促进社会公平正义,着力促进全体人民共同富裕,坚决防止两极分化。这些原则与企业所得税密切相关。

共同富裕是中国特色社会主义的本质要求,也是一个长期的历史过程。在这个过程中,企业作为社会经济活动的主体,承担着重要的责任。企业所得税是国家对企业所得征收的一种税,它不仅是国家财政收入的重要来源,也是调节经济、促进社会公平的重要手段。通过征收企业所得税,国家可以引导企业合理分配利润,促进资源的优化配置,推动经济的可持续发展。同时,企业所得税还可以调节收入分配,缩小贫富差距,促进社会公平正义的实现。

因此,企业在追求自身发展的同时,也应该积极履行社会责任,依法缴纳企业所得税,为共同富裕的目标做出贡献。同时,政府也应该进一步完善企业所得税制度,加强税收征管,确保税收的公平和效率,为实现全体人民共同富裕提供有力的支持。具体表现如下。

(1) 共同富裕:共同富裕是党的二十大精神的重要内容之一。企业所得税的征收对于促进经济发展和社会公平起到很大的作用,企业所得税可以通过税收政策调节收入分配,促进共同富裕的实现。

(2) 创新驱动:党的二十大报告指出,要坚持创新驱动发展战略。企业所得税对企业创新具有很大的激励作用,例如研发费用加计扣除等优惠政策,鼓励企业加大研发投入,推动技术创新和产业升级。

(3) 绿色发展:绿色发展是党的二十大精神的重要内容之一。企业所得税对环保产业和绿色经济具有很大的支持,如对资源综合利用、节能环保等行业的税收优惠,促进经济的可持续发展。

(4) 法治精神:党的二十大提出要全面推进依法治国。在企业所得税的内容中,可以强调依法纳税的重要性,培养学生的法治意识。

项目三　个人所得税申报实务

本项目包括自然人个人所得税预扣预缴申报、自然人个人所得税汇算清缴申报、个人所得税生产经营所得预缴申报、个人所得税生产经营所得汇算清缴申报四个学习活动。

项目目标

序号	学习活动名称	学习活动内容	应达到的技能和素质要求	结　果
1	自然人个人所得税预缴申报	1. 自然人个人所得税预扣预缴的计算 2. 自然人个人所得税预扣预缴的纳税申报	1. 熟练计算自然人个人所得税预扣预缴税额 2. 独立按时办理自然人个人所得税预扣预缴申报工作 3. 掌握自然人个人所得税预扣预缴申报表填报注意事项	1. 能正确填写自然人个人所得税预扣预缴纳税申报各明细报表 2. 能完成自然人个人所得税预扣预缴的税款缴纳
2	自然人个人所得税汇算清缴申报	1. 自然人个人所得税汇算清缴的计算 2. 自然人个人所得税汇算清缴的纳税申报	1. 熟练计算自然人个人所得税汇算清缴税额 2. 独立办理自然人个人所得税汇算清缴申报工作 3. 掌握自然人个人所得税汇算清缴网上申报表填报注意事项	1. 能正确填写自然人个人所得税汇算清缴纳税申报各明细报表 2. 能完成自然人个人所得税汇算清缴的税款缴纳
3	个人所得税生产经营所得预缴申报	1. 个人所得税生产经营所得预缴的计算 2. 个人所得税生产经营所得预缴的纳税申报	1. 熟练计算个人所得税生产经营所得税额 2. 独立办理个人所得税生产经营所得预缴申报工作 3. 掌握个人所得税生产经营所得预缴申报表填报注意事项	1. 能正确填写个人所得税生产经营所得预缴纳税申报各明细报表 2. 能完成个人所得税生产经营所得预缴申报的税款缴纳
4	个人所得税生产经营所得汇算清缴申报	1. 个人所得税生产经营所得汇算清缴的计算 2. 个人所得税生产经营所得汇算清缴的纳税申报	1. 熟练计算个人所得税生产经营所得税额 2. 独立办理个人所得税生产经营所得汇算清缴申报工作 3. 掌握个人所得税生产经营所得汇算清缴申报表填报注意事项	1. 能正确填写个人所得税生产经营所得汇算清缴纳税申报各明细报表 2. 能完成个人所得税生产经营所得汇算清缴申报的税款缴纳

工作任务

（1）贝尔斯照明灯具制造有限公司为增值税一般纳税人，企业所得税征收方式为查账征收,请根据该公司本月员工资料信息,完成该公司本月自然人个人所得税预扣预缴申报工作。

(2)贝尔斯照明灯具制造有限公司为增值税一般纳税人,企业所得税征收方式为查账征收,请根据该公司上年度员工资料信息,完成该公司上年度员工个人所得税汇算清缴申报工作。

(3)杭州长河财税咨询合伙企业为有限合伙企业,请根据该企业本月(季)经济业务事项,完成该企业本月(季)个人所得税生产经营所得预扣预缴申报工作。

(4)杭州天心财税咨询合伙企业为有限合伙企业,请根据该企业上年度经济业务事项,完成该企业上年度个人所得税生产经营所得汇算清缴申报工作。

思维导图

项目三思维导图如图 3-1 所示。

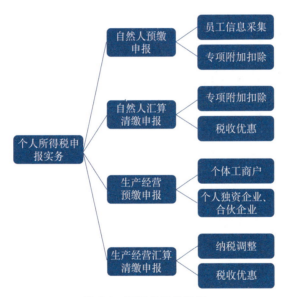

图 3-1　项目三思维导图

学习活动一　自然人个人所得税预缴申报

学习目标

(1)能够区分居民纳税义务人与非居民纳税义务人,并能判断哪些情况应缴纳个人所得税。

(2)能够判断适用何种税率,并能计算个人所得税。

(3)能够熟练运用实训平台进行自然人个人所得税预缴申报相关的数据采集、整理、提交、计算和申报等事项。

自然人个人所得税预缴申报视频

建议学时

4 学时

知识链接

个税专项附加扣除（全称个人所得税专项附加扣除），是指个人所得税法规定的子女教育、继续教育、大病医疗、住房贷款利息、住房租金、赡养老人、3岁以下婴幼儿照护和个人养老金等八项专项附加扣除。

（一）子女教育

按照每个子女每月1 000元的标准定额扣除。

（二）继续教育

纳税人在中国境内接受学历（学位）继续教育的支出，在学历（学位）教育期间按照每月400元定额扣除。纳税人接受技能人员职业资格继续教育、专业技术人员职业资格继续教育的支出，在取得相关证书的当年，按照3 600元定额扣除。

（三）大病医疗

在一个纳税年度内，纳税人发生的与基本医疗保险相关的医药费用支出，扣除医保报销后个人负担（指医保目录范围内的自付部分）累计超过15 000元的部分，由纳税人在办理年度汇算清缴时，在80 000元限额内据实扣除。

（四）住房贷款利息

按照每月1 000元标准定额扣除，扣除期限最长不超过240个月（注：不能与住房租金同享）。

（五）住房租金

直辖市、省会（首府）城市、计划单列市以及国务院确定的其他城市，扣除标准为每月1 500元；市辖区户籍人口超过100万的城市，扣除标准为每月1 100元；市辖区户籍人口不超过100万（含）的城市，扣除标准为每月800元（注：不能与住房贷款利息同享）。

（六）赡养老人

纳税人为独生子女的，按照每月2 000元的标准定额扣除；纳税人为非独生子女的，由其与兄弟姐妹分摊每月2 000元的扣除额度，每人分摊的额度不能超过每月1 000元。

（七）3岁以下婴幼儿照护

按照每名婴幼儿每月1 000元的标准定额扣除。

（八）个人养老金

参加人每年缴纳个人养老金额度上限为12 000元。对缴费者按每年12 000元的限额予以税前扣除。

工作任务描述

贝尔斯照明灯具制造有限公司为增值税一般纳税人，企业地址在深圳市宝安区西乡街328号，电话号码为0755-25941111，纳税人识别号为914489430284900129，公司注册资金陆佰万元(600万元),注册时间为2016年2月1日,行业性质为加工制造业,开户银行为徽商银行松岗支行,开户行账号为1506080988830290。公司经营范围:主营各类家用节能灯产品、商业灯具产品、景观灯笼产品的加工生产,兼营灯具各类配件,并提供运输服务。

公司本月有21名境内人员。公司财务人员计算并发放了员工的工资薪金、奖金等,以及预扣预缴个人所得税,21名境内人员的个人所得与个人所得税计算数据请从实训软件下载。

要求:

(1) 请审查本月该公司的自然人个人所得税计算数据是否正确,并进行自然人个人所得税预扣预缴纳税申报。

(2) 根据纳税申报数据,形成纳税申报表并依次保存,报表数据上报成功后,进入评分系统,选择相对应的案例进行系统评分。

想一想

根据工作任务描述,完成自然人个人所得税预扣预缴纳税申报,需要具备哪些依法纳税意识和职业素养。

工作流程

自然人个人所得税预缴申报工作流程如图3-2所示。

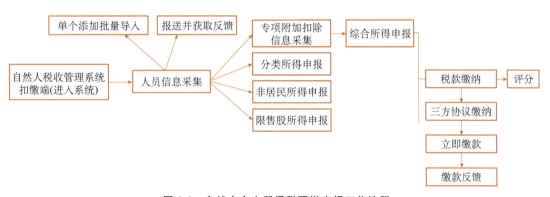

图3-2 自然人个人所得税预缴申报工作流程

• 实训平台登录

在系统首页可以完成纳税人信息、各报表的填写,也可以根据需要进行申报报送和获取反馈,如图3-3所示。

图 3-3 实训平台登录

• 基础设置

单击公积金之后,跳出如下窗口,根据案例对公积金上限、月平均工资等进行修改,如图 3-4 所示。

图 3-4 修改基础设置

单击保存之后,会有以下提示(公积金上限修改完成后,需重新进入系统,修改的数据才生效),确定后退出系统,再次进入界面中,检查是否修改成功,成功即可关闭窗口,如图 3-5 所示。

以往月份的申报操作

根据案例申报时间,选择申报月份(修改计算机时间为申报月份下一个月,如申报三月,则将计算机时间改为四月),如图 3-6 所示。

项目三 个人所得税申报实务

图 3-5 检查是否修改成功

图 3-6 以往月份的申报操作

· 人员信息采集

想一想

根据《中华人民共和国个人所得税法》第九条的规定：纳税人有中国公民身份号码的，以_____为纳税人识别号；纳税人没有中国公民身份号码的，由_____赋予其纳税人识别号。

人员信息采集主要包括"添加""导入""报送""获取反馈""导出""展开查询条件"和"更多操作"功能；同时显示所有纳税人信息，如图 3-7 所示。

图 3-7　所有纳税人信息

单个添加

单击"添加",进入"境内人员信息"界面,录入人员基本信息,单击"保存"即可添加成功,如图 3-8 所示。

图 3-8　单个添加

人员信息采集表中,带"＊"号项为必填项,其他为非必填项,根据实际情况选填,如图 3-9 所示。

添加人员信息时,滑动鼠标中间的滚动键,会导致选择好的"任职受雇从业类型"发生改变,比如由"雇员"变为"其他"等,因此在采集时,应尽量使用鼠标拉动采集页面,如图 3-10 所示。

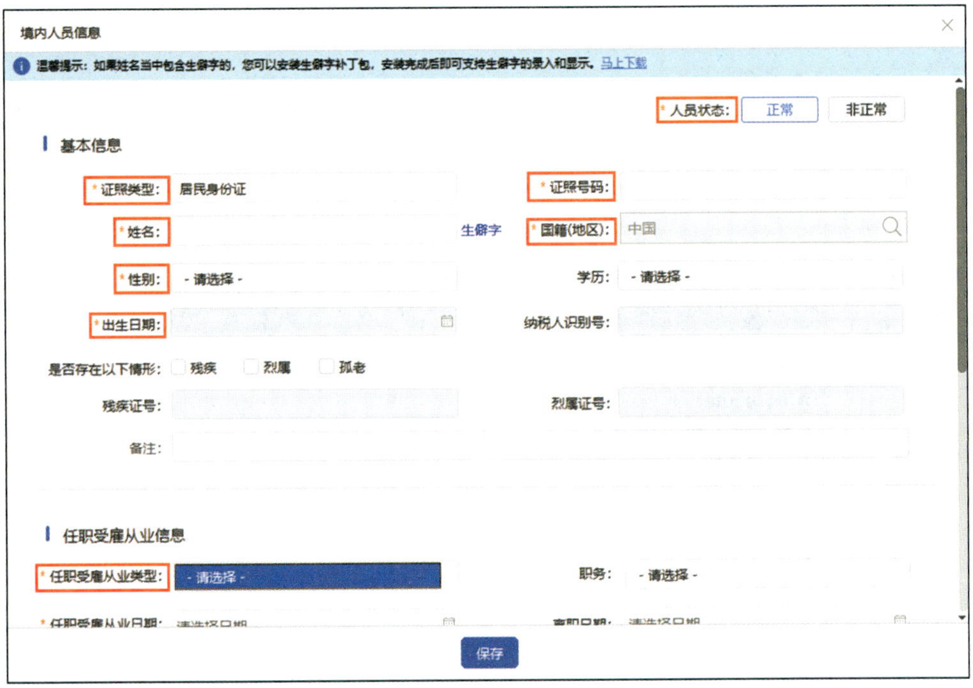

图 3-9 填写人员信息

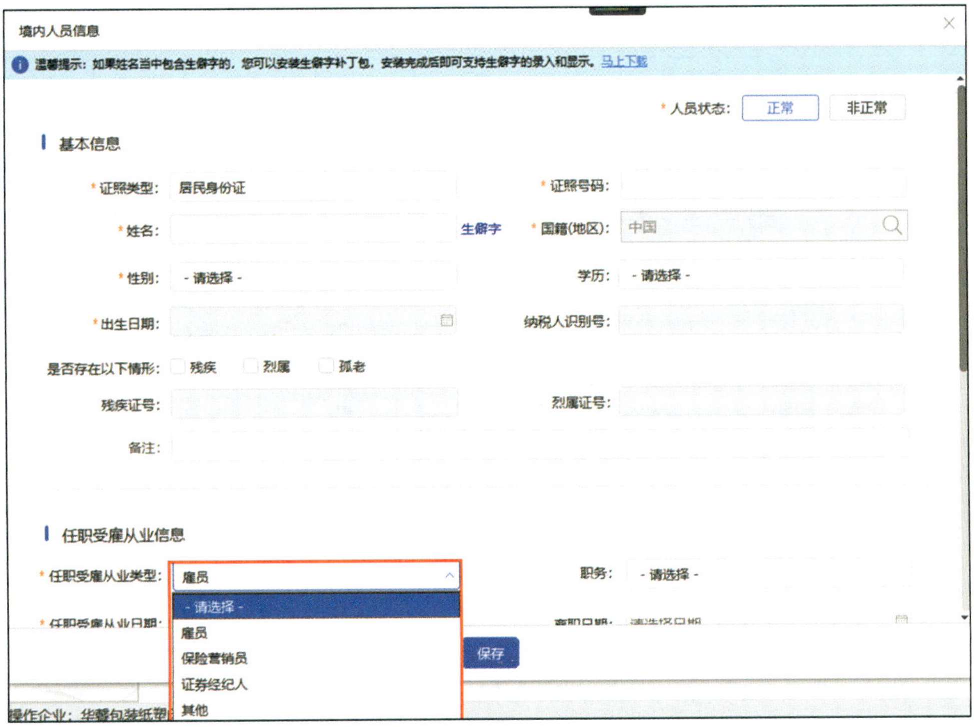

图 3-10 使用鼠标拉动采集页面

批量导入

单个添加人员的业务场景,适用于单位人员较少的情况。单位人员较多时,建议使用 Excel 模板批量导入功能。

单击"导入"→"模板下载",下载客户端中提供的标准 Excel 模板。将人员各项信息填写到模板对应列,然后单击"导入"→"导入文件",选择 Excel 文件,导入客户端中,如图 3-11 所示。

图 3-11　批量导入

下载模板之后,进行相应的编辑,如图 3-12 所示。

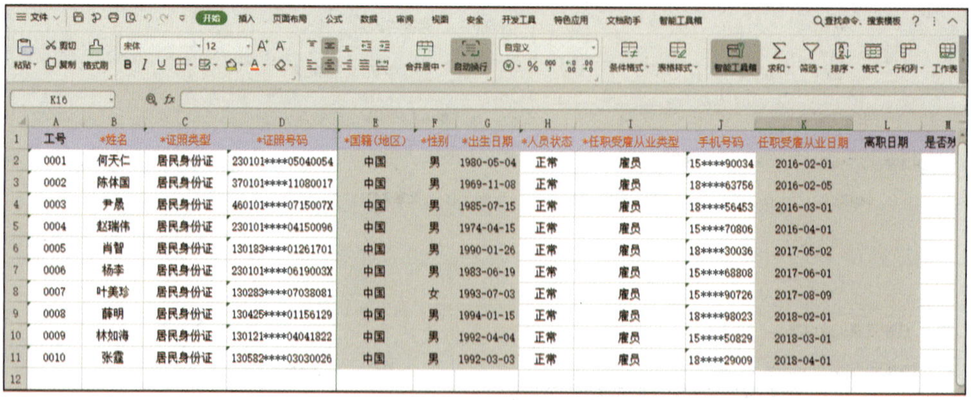

图 3-12　下载模板进行编辑

返回到填写界面,选择导入文件,如图 3-13 所示。

导入文件之后,单击"提交数据",如图 3-14 所示。

单击"完成"按钮,完成导入,如图 3-15 所示。

项目三　个人所得税申报实务

图 3-13　导入文件

图 3-14　提交数据

图 3-15　完成导入

人员信息报送验证

人员信息采集完毕后,需先将人员信息报送至税务机关端进行验证,再获取报送结果和身份验证结果,报送成功的人员才能填写、报送申报表。

报送

单击报送,客户端会将报送状态为"待报送"的人员信息报送至税务机关进行验证,如图 3-16～图 3-18 所示。

图 3-16　报送验证(1)

图 3-17　报送验证(2)

项目三 个人所得税申报实务 105

图 3-18 报送验证(3)

在使用模板导入时,为什么要单击"发送",而逐个添加时不需要?

获取反馈

报送成功后,税务机关系统将对居民身份证信息进行验证(其他类型证件的验证会陆续增加),单击"获取反馈"获取报送的人员信息身份验证结果,如图 3-19 和图 3-20 所示。

图 3-19 获取反馈(1)

图 3-20　获取反馈（2）

人员信息查询

客户端的查询功能是指在人员众多的情况下，需要查找某个人员的具体信息时，单击"展开查询条件"可展开具体的查询条件方便查询，而后按钮名称变为"收折查询条件"，如图 3-21 所示。

图 3-21　人员信息查询

可通过工号、姓名、证件类型、证件号码等信息，模糊查找相应的人员信息；也可根据身份验证状态、报送状态、是否孤疾残老、是否雇员、更新时间进行筛选，如图 3-22 所示。

导出

单击"导出"，把人员信息导出到 Excel 表格中进行查看，如图 3-23 所示。

导出功能包括全部导出和部分导出，选中需要导出的人员信息，即可完成导出，如图 3-24 所示。

项目三 个人所得税申报实务

图 3-22 根据不同方式查询人员信息

图 3-23 导出人员信息

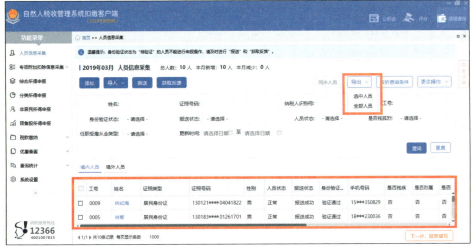

图 3-24 导出部分人员信息

更多操作

更多操作主要包括删除、批量修改、自定义显示列、隐藏离职人员、异常身份证处理功能，如图 3-25 所示。

图 3-25　更多操作

· 专项附加扣除信息采集

个人所得税专项附加扣除，是指个人所得税法规定的子女教育、继续教育、大病医疗、住房贷款利息、住房租金和赡养老人等六项专项附加扣除。

首页功能菜单下单击"专项附加扣除信息采集"，显示可采集的专项附加扣除项目，分别为"子女教育支出信息采集""继续教育支出信息采集""住房贷款利息支出信息采集""住房租金支出信息采集""赡养老人支出信息采集"。

所有专项附加扣除信息的采集操作基本类似，只是各项专项附加扣除采集的数据项有所不同，如图 3-26 所示。

图 3-26　专项附加扣除信息采集

子女教育支出

单击"子女教育支出",然后单击"新增",如图 3-27 所示。

图 3-27　子女教育专项附加扣除信息采集

根据案例中所给出的案例资料添加下列信息,带"＊"号项为必填项,其他为非必填项,可根据实际情况选填,如图 3-28 所示。

图 3-28　填写子女教育专项附加扣除信息

继续教育支出

单击"继续教育支出",然后单击"新增",如图 3-29 所示。

图 3-29　继续教育专项附加扣除信息采集

根据案例中所给出的案例资料添加下列信息，带"＊"号项为必填项，其他为非必填项，可根据实际情况选填，如图 3-30 所示。

图 3-30　填写继续教育专项附加扣除信息

住房贷款利息支出

单击"住房贷款利息支出"，然后单击"新增"，如图 3-31 所示。

项目三 个人所得税申报实务

图 3-31 住房贷款专项附加扣除信息采集

根据案例中所给出的案例资料进行添加下列信息,带"＊"号项为必填项,其他为非必填项,可根据实际情况选填,如图 3-32 所示。

图 3-32 填写住房贷款专项附加扣除信息

住房租金支出

单击"住房租金支出",然后单击"新增",如图 3-33 所示。

图 3-33　住房租金专项附加扣除信息采集

根据案例中所给出的案例资料进行添加下列信息,带"＊"号项为必填项,其他为非必填项,可根据实际情况选填,如图 3-34 所示。

图 3-34　填写住房租金专项附加扣除信息

赡养老人支出

单击"赡养老人支出",然后单击"新增",如图 3-35 所示。

根据案例中所给出的案例资料进行添加下列信息,带"＊"号项为必填项,其他为非必填项,可根据实际情况选填,如图 3-36 所示。

项目三 个人所得税申报实务

图 3-35 赡养老人专项附加扣除信息采集

图 3-36 填写赡养老人专项附加扣除信息

添加各项专项扣除后,需要分别进行"报送"及"获取反馈",如图 3-37 所示。

图 3-37　报送及获取反馈界面

 想一想

专项附加扣除包括哪几项？各专项附加扣除标准是多少？

_____

_____

_____

- 综合所得申报

收入及减除填写

"收入及减除填写"用于录入综合所得各项目的收入及减除项数据，所得项目包括"工资薪金所得""劳务报酬所得""稿酬所得"和"特许权使用费所得"等，如图 3-38 所示。

图 3-38　收入及减除填写

进行报表数据填写,单击"填写"后,有提示按钮,单击"确定"后会提示是否需要自动导入,可以手动添加或使用模板导入,如图3-39～图3-41所示。

图 3-39　填写报表

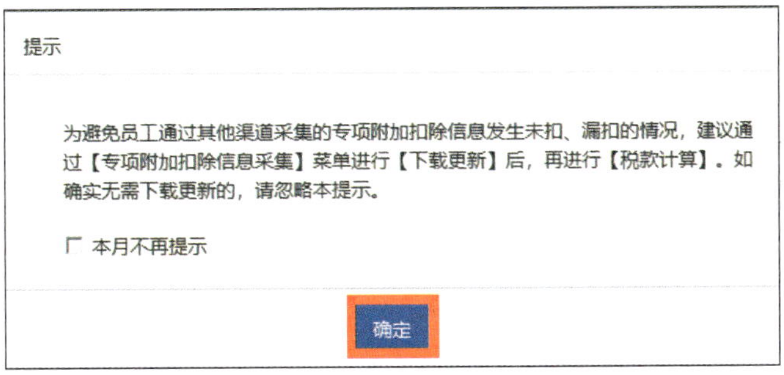

图 3-40　提示信息

图 3-41　确认信息

手动添加。单击"添加",进入"报表新增"界面,录入相应的收入以及扣除,单击"保存"即可添加成功,如图3-42和图3-43所示。(以正常工资薪金所得为例,其他报表填写方法与之相同)

图 3-42 手动添加

图 3-43 保存信息

批量导入。单击"导入"→"模板下载",下载客户端中提供的标准 Excel 模板。将人员各项信息填写到模板对应列,然后单击"导入"→"导入文件",选择 Excel 文件,导入客户端中,如图 3-44 所示。

下载模板之后,进行相应的编辑,如图 3-45 所示。

返回到填写界面,选择导入文件,如图 3-46 所示。

图 3-44　批量导入

	A	B	C	D	E	F	G	H
1	工号	姓名	*证照类型	*证照号码	*本期收入	本期免税收入	基本养老保险费	基本医疗保险费
2	1	何天仁	居民身份证	230101****05040054	10000.00		244.00	61.00
3	2	陈体国	居民身份证	370101****11080017	8000.00		244.00	61.00
4	3	伊晟	居民身份证	460101****0715007X	15896.00		244.00	61.00
5	4	赵瑞伟	居民身份证	230101****04150096	12563.21		244.00	61.00
6	5	肖智	居民身份证	130183****01261701	5968.00		244.00	61.00
7	6	杨李	居民身份证	230101****0619003X	9861.36		244.00	61.00
8	7	叶美珍	居民身份证	130283****07038081	3420.00		244.00	61.00
9	8	薛明	居民身份证	130425****01156129	4310.25		244.00	61.00
10	9	林如海	居民身份证	130121****04041822	6930.09		244.00	61.00
11	10	张霆	居民身份证	130582****03030026	4692.30		244.00	61.00

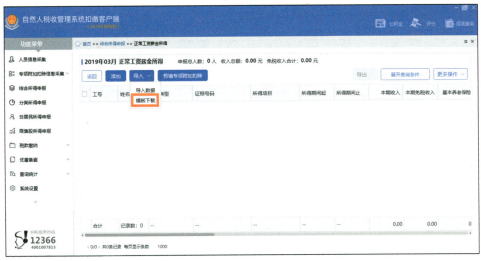

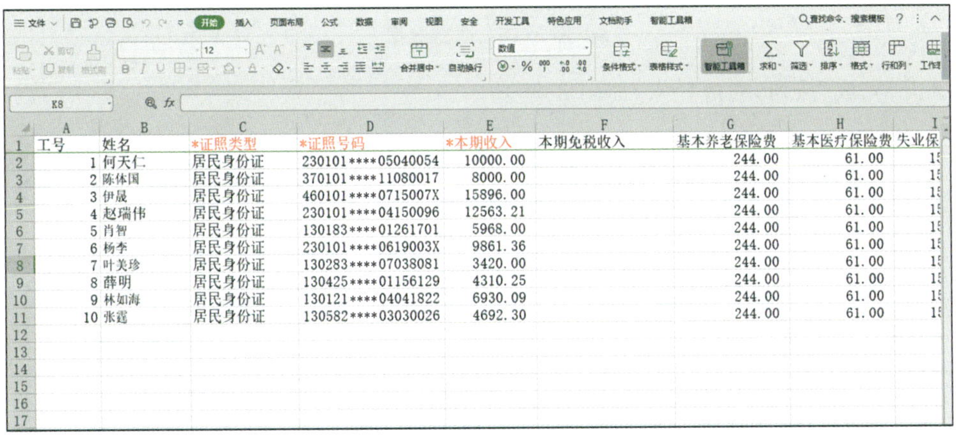

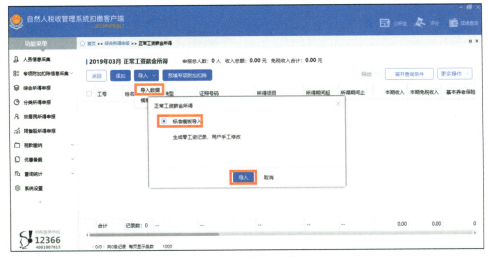

图 3-45　下载模板进行相应编辑

图 3-46　导入文件

导入文件之后,需要单击"提交数据",如图 3-47 所示。

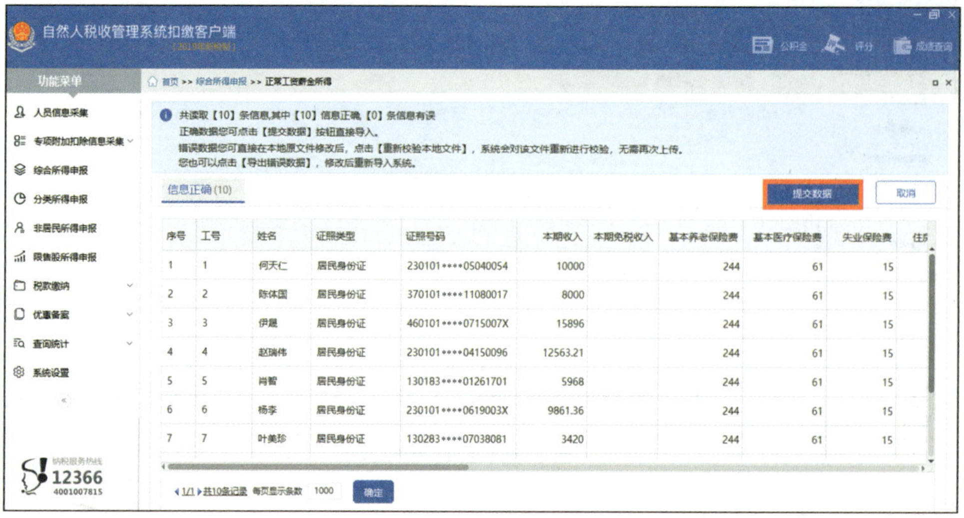

图 3-47 提交数据

单击"完成"按钮,完成导入,如图 3-48 所示。

图 3-48 完成导入

采集完人员专项附加扣除信息后,在填写其工资薪金报表前(后),可通过"预填专项附加扣除"自动传递附加扣除数据到工资薪金报表中。但此时需注意,按照最新的个税政策,扣除为累计扣除,须特别注意税款所属期,如图 3-49 和图 3-50 所示。

税款计算

税款计算用于收入及减除和附表填写完成后,单击"税款计算"后系统自动对填写的所有所得项目进行税款计算,如图 3-51 所示。

项目三 个人所得税申报实务

图 3-49 确认税款所属期（1）

图 3-50 确认税款所属期（2）

图 3-51 税款计算

附表填写

附表填写用于在收入及减除中填写了减免税额、免税收入、商业健康保险、税延养老保险时,补充相应附表。包括"减免事项附表""商业健康保险附表"和"税延养老保险附表"。单击"附表填写",如图 3-52 所示。

图 3-52　附表填写

申报表发送

单击"申报表报送"后加载申报表报送界面,用于完成报表报送、获取反馈、申报作废、更正申报操作,如图 3-53 和图 3-54 所示。

图 3-53　申报表报送(1)

单击"获取反馈",完成申报,也可通过单击"作废申报"和"更正申报"进行数据修改。

预扣预缴更正申报与作废申报的区别在于,申报成功后是否已缴税款。已缴款时只能更正申报,无法作废报表,如图 3-55 所示。

图 3-54 申报表报送（2）

图 3-55 完成申报

想一想

什么是自然人个人所得税预扣预缴申报？实行个人所得税预扣预缴申报的综合所得包括哪些内容？

- -

- -

- -

• 分类所得申报

收入及减除填写

"收入及减除填写"用于填写一般分类所得代扣代缴所得项目，包括"利息股息红利所得""其他财产租赁所得""财产转让所得"和"偶然所得"四类。其中,财产转让所得包括"财产拍卖所得及回流文物拍卖所得、股权转让所得、其他财产转让所得"三小类,如图3-56所示。

图 3-56 收入及减除填写

单击"填写"添加数据后,进行相应的数据"保存",如图3-57所示。

图 3-57 保存数据

附表填写

单击"附表填写"即可填写减免事项附表。当一般分类所得代扣代缴申报填写了"减免税额"或"免税收入"时,就需要填写减免事项附表,如图3-58和图3-59所示。

申报表报送

单击"申报表报送"后即加载申报表报送界面,用于完成报表报送、获取反馈、申报作废、更正申报操作,如图3-60所示。

图 3-58　附表填写（1）

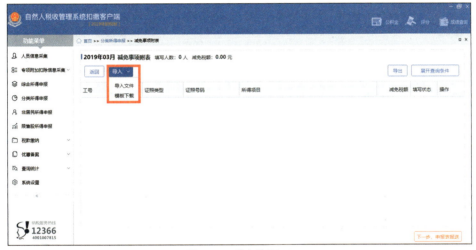

图 3-59　附表填写（2）

图 3-60　申报表报送

单击"发送申报"按钮后有 30 秒等待反馈的时间,如图 3-61 所示。

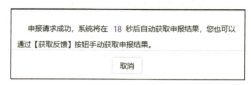

图 3-61　等待反馈

单击"获取反馈",完成申报,也可通过单击"作废申报""更正申报"进行数据修改。

预扣预缴更正申报与作废申报的区别在于,申报成功后是否已缴税款。已缴款时只能更正申报,无法作废报表,如图 3-62 所示。

图 3-62　完成申报

· 非居民所得申报

收入及减除填写

单击"收入及减除填写"后,录入非居民代扣代缴所得项目的收入及减除项数据,包括"工资薪金所得"(正常工资薪金、外籍人数月奖金、解除劳动合同一次性补偿金、个人股票期权行权收入)、"劳务报酬""稿酬所得""特许权使用费所得""利息股息红利所得""其他财产租赁所得""财产转让所得"(财产拍卖所得及回流文物拍卖所得、股权转让所得、其他财产转让所得)、"偶然所得"八个大类,如图 3-63 所示。

在填写时,同样有两种方式——手动添加和模板导入,可参考人员信息采集导入、导出,如图 3-64 所示。

附表填写

"附表填写"包括对"减免事项附表"和"个人股东股权转让信息表"的填写。若非居民代扣代缴表中填写了"减免税额"或"免税收入",则须完善减免事项附表;若填写了"股权转让所得"报表,则需完善个人股东股权转让信息表,如图 3-65 和图 3-66 所示。

图 3-63　收入及减除填写

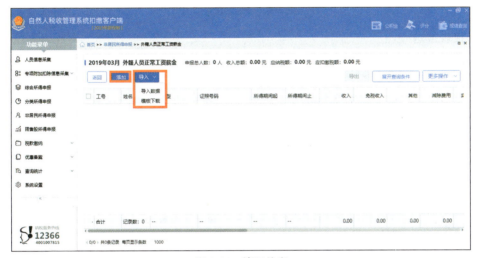

图 3-64　填写信息

图 3-65　附表填写（1）

图 3-66　附表填写（2）

申报表报送

单击"申报表报送"后加载申报表报送界面，用于完成报表报送、获取反馈、申报作废、更正申报操作。

预扣预缴更正申报与作废申报的区别在于，申报成功后是否已缴税款。已缴款时只能更正申报，无法作废报表，如图 3-67 所示。

图 3-67　申报表报送

· **限售股所得申报**

收入及减除填写

在填写时，同样有两种方式——手动添加和模板导入，可参考人员信息采集导入、导出，如图 3-68 所示。

图 3-68 收入及减除填写

申报表报送

单击"申报表报送"后加载申报表报送界面,用于完成报表报送、获取反馈、申报作废、更正申报操作。

预扣预缴更正申报与作废申报的区别在于,申报成功后是否已缴税款。已缴款时只能更正申报,无法作废报表,如图 3-69 所示。

图 3-69 申报表报送

- **税款缴纳**

报表申报成功后,若采用三方协议缴款方式,则单击"税款缴纳"→"税款缴纳",界面下方会显示欠税相关内容,包括:所得月份、申报表种类、征收品目、税率、税款所属期起止、应补退税额以及缴款期限,如图 3-70 所示。

图 3-70　税款缴纳

单击"立即缴款",系统会获取企业三方协议,并核对信息是否正确。确认三方协议的开户行、账户名称等基本信息无误后,单击"确认扣款"发起缴款,如图 3-71 所示。

图 3-71　确认扣款

实训评分及更正

【实训评分】
单击"评分"按钮后,选择对应的案例进行评分,如图 3-72 所示。

【错误更正】
如果评分后成绩不理想,可以进行更正,如图 3-73 所示。

项目三 个人所得税申报实务

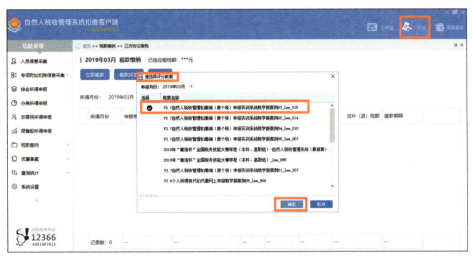

图 3-72 实训评分

图 3-73 错误更正

总结与收获

（1）请对本次自然人个人所得税预扣预缴实务的操作过程进行总结。

（2）通过本次课程的学习，你有哪些收获与体会？（可以从立德树人、创新创造、工匠精神培育、职业习惯养成等方面展开阐述）

（3）本课程的内容与个税计算职业技能等级证书（即"个税计算"X 证书）很多地方都是相同的，你认为该如何进行有效的课证融合？

工作任务考评

任务节点	技能要点	评分标准	自评	小组评	教师评
节点一 人员信息采集	人员信息的单个和批量导入、人员信息的报送、获取反馈操作	1. 独立完成且质量高,评为 A 2. 独立完成质量较好,评为 B 3. 在老师指导下完成任务,评为 C 4. 在老师指导下仍不能完成任务,评为 D			
节点二 专项附加扣除采集	专项附加扣除信息表的填报及批量导入	1. 独立完成且质量高,评为 A 2. 独立完成质量较好,评为 B 3. 在老师指导下完成任务,评为 C 4. 在老师指导下仍不能完成任务,评为 D			
节点三 工资薪金所得处理	工资薪金所得个税计算	1. 独立完成且质量高,评为 A 2. 独立完成质量较好,评为 B 3. 在老师指导下完成任务,评为 C 4. 在老师指导下仍不能完成任务,评为 D			
节点四 综合所得税款计算	综合所得项目税款填写	1. 独立完成且质量高,评为 A 2. 独立完成质量较好,评为 B 3. 在老师指导下完成任务,评为 C 4. 在老师指导下仍不能完成任务,评为 D			
节点五 个人所得税申报	自然人税收管理系统申报	1. 独立完成且质量高,评为 A 2. 独立完成质量较好,评为 B 3. 在老师指导下完成任务,评为 C 4. 在老师指导下仍不能完成任务,评为 D			
综合评价(A、B、C、D 档)					
综合评价(折合为百分制)					

学习活动二　自然人个人所得税汇算清缴申报

学习目标

（1）能够区分自然人综合所得和分类所得,并能判断出哪种所得应进行汇算清缴。

（2）能够熟练运用电子税务局实训平台进行自然人个人所得税汇算清缴申报相关的数据采集、整理、提交、计算、申报等事项。

（3）能够进行自然人个人所得税汇算清缴申报实训。

自然人个人所得税汇算清缴申报视频

建议学时

4 学时

知识链接

《国家税务总局关于办理2022年度个人所得税综合所得汇算清缴事项的公告》(国家税务总局公告2023年第3号)作如下规定。

一、汇算的主要内容

2022年度终了后,居民个人(以下称纳税人)需要汇总2022年1月1日至12月31日取得的工资薪金、劳务报酬、稿酬、特许权使用费等四项综合所得的收入额,减除费用6万元以及专项扣除、专项附加扣除、依法确定的其他扣除和符合条件的公益慈善事业捐赠后,适用综合所得个人所得税税率并减去速算扣除数(税率表见附件1),计算最终应纳税额,再减去2022年已预缴税额,得出应退或应补税额,向税务机关申报并办理退税或补税。具体计算公式如下:

应退或应补税额=[(综合所得收入额-60 000元-"三险一金"等专项扣除
-子女教育等专项附加扣除-依法确定的其他扣除
-符合条件的公益慈善事业捐赠)×适用税率-速算扣除数]
-已预缴税额

汇算不涉及纳税人的财产租赁等分类所得,以及按规定不并入综合所得计算纳税的所得。

二、无须办理汇算的情形

纳税人在2022年已依法预缴个人所得税且符合下列情形之一的,无须办理汇算:
(1)汇算需补税但综合所得收入全年不超过12万元的;
(2)汇算需补税金额不超过400元的;
(3)已预缴税额与汇算应纳税额一致的;
(4)符合汇算退税条件但不申请退税的。

三、需要办理汇算的情形

符合下列情形之一的,纳税人需办理汇算:
(1)已预缴税额大于汇算应纳税额且申请退税的;
(2)2022年取得的综合所得收入超过12万元且汇算需要补税金额超过400元的。

因适用所得项目错误或者扣缴义务人未依法履行扣缴义务,造成2022年少申报或者未申报综合所得的,纳税人应当依法据实办理汇算。

四、可享受的税前扣除

下列在2022年发生的税前扣除,纳税人可在汇算期间填报或补充扣除:
(1)纳税人及其配偶、未成年子女符合条件的大病医疗支出;
(2)符合条件的3岁以下婴幼儿照护、子女教育、继续教育、住房贷款利息或住房租金、赡养老人等专项附加扣除,以及减除费用、专项扣除、依法确定的其他扣除;
(3)符合条件的公益慈善事业捐赠;
(4)符合条件的个人养老金扣除。

同时取得综合所得和经营所得的纳税人,可在综合所得或经营所得中申报减除费用6万元、专项扣除、专项附加扣除以及依法确定的其他扣除,但不得重复申报减除。

工作任务描述

贝尔斯照明灯具制造有限公司地址在深圳市宝安区西乡街328号,电话号码为0755-25941111,纳税人识别号为914489430284900129,公司注册资金为陆佰万元(600万元),注册时间为2016年2月1日,行业性质为加工制造业,开户银行为徽商银行松岗支行,开户行账号1506080988830290。公司经营范围:主营各类家用节能灯产品、商业灯具产品、景观灯笼产品的加工生产,兼营灯具各类配件,并提供运输服务。

公司上年度有10名员工因年龄偏大,无法自行通过个人所得税App进行汇算清缴。经与上述10名员工进行书面委托确认,公司财务人员为上述10名纳税人进行个人所得税综合所得年度汇算清缴,相关资料请从实训软件下载。

要求:

(1) 请审查上年度该公司的上述员工个人所得税计算数据是否正确,并进行个人所得税汇算清缴纳税申报。

(2) 通过纳税申报数据,形成纳税申报表并依次保存,报表数据上报成功后,进入评分系统,选择相对应的案例进行系统评分。

 想一想

根据工作任务描述,完成自然人个人所得税汇算清缴需要具备哪些依法纳税意识和职业素养。

工作流程

自然人个人所得税汇算清缴申报工作流程如图3-74所示。

图3-74 自然人个人所得税汇算清缴申报工作流程

· **实训平台登录**

通过电子税务局网址http://tax.caidao8.com/login,登录进入电子税务局平台,选择进入个人所得税汇算清缴集中申报系统。只有教师端发布了汇算清缴系统的案例,汇算清缴系统才可以进入,如图 3-75 所示。

图 3-75　实训平台登录界面

登录进入,显示"我的企业""案例查看"和"我的成绩"功能。"我的企业"包括整个企业所涉及的一系列报税系统,学生根据案例所涉及的内容,选择系统进行实训实操,针对个人所得税汇缴集中申报,选择访问个税汇算清缴系统,如图 3-76 和图 3-77 所示。

图 3-76　登录后界面(1)

图 3-77　登录后界面(2)

- 具体申报流程

具体申报流程如图 3-78 所示。

图 3-78　具体申报流程

- 报表填写

人员姓名跟证件号码从后台新增人员获取，无住所个人附表信息为空，不可修改。选择之后单击"确定"进入报表填报界面，如图 3-79 所示。

图 3-79　报表填写

想一想

哪些情况需要由企业财务人员来办理员工的个人所得税汇算清缴？

• 报表填报界面

报表填报界面如图 3-80 所示。

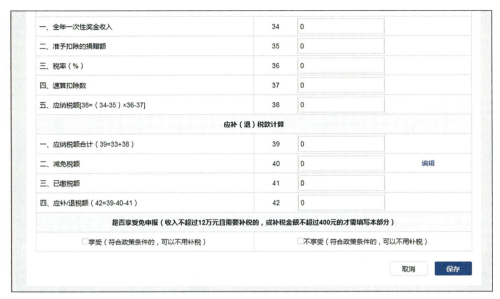

图 3-80　报表填报界面

是否享受免申报有 3 个校验条件：

(1) 收入大于 12 万元且补税大于 400 元或有退税的，下方是否享受免申报都为空，不可选；

(2) 收入大于 12 万元且补税小于 400 元或有退税的，下方是否享受免申报可以选择一种；

(3) 收入少于 12 万元且补税小于 400 元或有退税的，下方是否享受免申报，默认勾选为"享受"，如图 3-81 所示。

图 3-81　是否享受免申报的 3 个校验条件

继续教育支出不能大于 8 400 元；住房租金支出不能大于 18 000 元；赡养老人支出不能大于 24 000 元；纳税人不得同时享受住房贷款利息和住房租金专项附加扣除（这两项专项扣除只能填写一项）；住房贷款利息支出不能大于 12 000 元。注意提示如图 3-82 所示。

图 3-82 附加专项扣除条件

需单击"编辑",进入附表填写(一共有 5 张附表),此处只列举一个,如图 3-83 所示。

图 3-83 附表填写

商业健康保险附表:商业健康保险总额不能大于 2 400 元,否则会出现失败提示——总额不能大于 2 400 元,如图 3-84 所示。

图 3-84 商业健康保险附表填写

准予扣除的捐赠额附表：捐赠扣除附表，增加后准予扣除的捐赠额上限同步更新，最大不得大于 60 000 元，也不得超过应纳税所得额，保存后需要设置综合所得扣除金额，综合所得扣除金额不得大于上限，最终保存后取综合所得扣除金额和准予扣除的捐赠额上限的孰小值，如图 3-85 所示。

图 3-85　准予扣除的捐赠额附表填写

 想一想

请说出个人所得税相关法律法规对外捐赠扣除限额的规定。

应补/退税额为负数的人员，在退税申请页面和申报记录查询页面都可以查询得到，在退税申请页面可以申请退税。缴税申请和退税申请互斥，一个人的信息只能出现在一处，通过更正申报可以进行切换。作废后则在此处消失。

应补/退税额为正的，税额大于 0 元低于 400 元的，如果不享受免申报，则此处有记录；如果享受免申报，则此处无记录。年收入小于 12 万元且税额大于 400 元的，如果选择了不享受免申报，此处有记录。单击税款缴纳，提示缴款成功。状态变为缴款成功。初始正常申报，更正过的为更正申报，如图 3-86 所示。

图 3-86　退税/申请界面

缴税申请和退税申请互斥，一个人的信息只能出现在一处，通过更正申报可以进行切换。作废后则在此处消失，如图 3-87 所示。

图 3-87　更正申报

更正每次只能操作一条，作废可以多选。作废后记录还在（单击"人员"还可以跳转到报表填报查看之前的信息），报表填写－添加处可以重新增加，如图 3-88 所示。

图 3-88　重新增加

根据前面的状态刷新，如图 3-89 所示。

图 3-89　状态刷新

实训评分及更正

【实训评分】

实训完成之后,单击评分按钮进行评分,如图 3-90 所示。

图 3-90　实训评分

【错误更正】

实训结束后,如果成绩不理想,可以到申报记录查询里更正并重新申报,如图 3-91 所示。

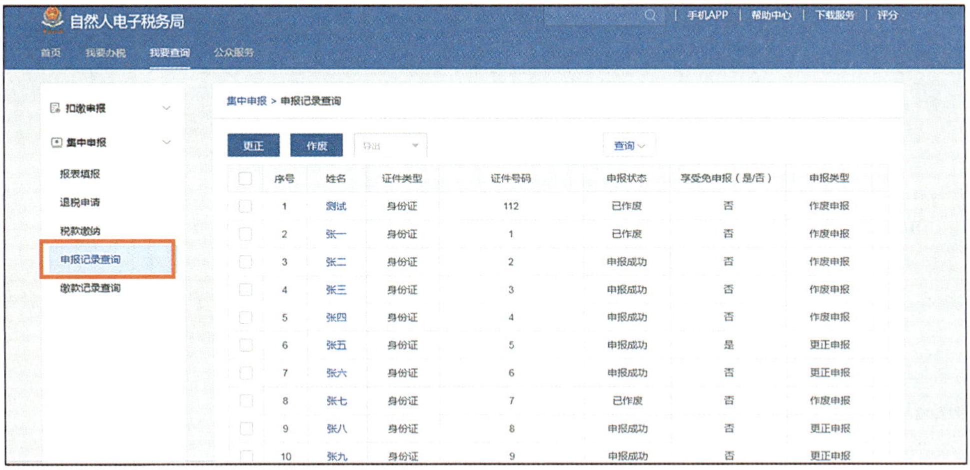

图 3-91　错误更正

更正每次只能操作一条,作废可以多选。作废后记录还在(单击"人员"还可以跳转到报表填报查看之前的信息),报表填写－添加处可以重新增加,如图 3-92 所示。

图 3-92 重新增加

总结与收获

（1）请对本次自然人个人所得税汇算清缴实务的操作过程进行总结。

（2）通过本次课程的学习，你有哪些收获与体会？（可以从立德树人、创新创造、工匠精神培育、职业习惯养成等方面展开阐述）

工作任务考评

任务节点	技能要点	评分标准	自评	小组评	教师评
节点一 申报表编辑	正确编辑申报表	1. 独立完成且质量高，评为 A 2. 独立完成质量较好，评为 B 3. 在老师指导下完成任务，评为 C 4. 在老师指导下仍不能完成任务，评为 D			
节点二 专项附加扣除	正确填写专项附加扣除	1. 独立完成且质量高，评为 A 2. 独立完成质量较好，评为 B 3. 在老师指导下完成任务，评为 C 4. 在老师指导下仍不能完成任务，评为 D			

续表

任务节点	技能要点	评分标准	自评	小组评	教师评
节点三 税收优惠	正确填写税收优惠表格	1. 独立完成且质量高,评为 A 2. 独立完成质量较好,评为 B 3. 在老师指导下完成任务,评为 C 4. 在老师指导下仍不能完成任务,评为 D			
节点四 申报更正	对申报数据进行更正	1. 独立完成且质量高,评为 A 2. 独立完成质量较好,评为 B 3. 在老师指导下完成任务,评为 C 4. 在老师指导下仍不能完成任务,评为 D			
综合评价(A、B、C、D 档)					
综合评价(折合为百分制)					

学习活动三　个人所得税生产经营所得预缴申报

学习目标

（1）能够区分个体工商户、个人独资企业和合伙企业生产经营所得个人所得税政策的异同。

（2）能够熟练运用电子税务局实训平台进行个人所得税生产经营所得预缴相关的数据采集、整理、提交、计算等事项。

（3）能够进行个人所得税生产经营所得预缴申报的实训。

个人所得税生产经营所得预缴申报视频

建议学时

2 学时

知识链接

2018 年 8 月 31 日,《中华人民共和国个人所得税法》完成了第七次修订,取消了原"个体工商户的生产、经营所得"与"对企事业单位的承包经营、承租经营所得"税目,新设立"经营所得"税目。"经营所得"沿用了修改前的 5% 至 35% 的五级超额累进税率,但将每一档税率适用的级距金额范围予以扩大。

个体工商户包括：

（1）依法取得个体工商户营业执照,从事生产经营的个体工商户；

（2）经政府有关部门批准,从事办学、医疗、咨询等有偿服务活动的个人；

（3）其他从事个体生产、经营的个人。

个体工商户以业主为个人所得税纳税义务人。

财政部、税务总局公告 2021 年第 12 号关于个体工商户个人所得税减半政策有关事项如下：

(1) 对个体工商户经营所得年应纳税所得额不超过 100 万元的部分，在现行优惠政策基础上，再减半征收个人所得税。个体工商户不区分征收方式，均可享受。

(2) 个体工商户在预缴税款时即可享受，其年应纳税所得额暂按截至本期申报所属期末的情况进行判断，并在年度汇算清缴时按年计算、多退少补。若个体工商户从两处以上取得经营所得，需在办理年度汇总纳税申报时，合并个体工商户经营所得年应纳税所得额，重新计算减免税额，多退少补。

(3) 个体工商户按照以下公式计算减免税额：

减免税额＝(个体工商户经营所得应纳税所得额不超过 100 万元部分的应纳税所得额－其他政策减免税额×个体工商户经营所得应纳税所得额不超过 100 万元部分÷经营所得应纳税所得额)×(1－50%)

(4) 个体工商户需将按上述方法计算得出的减免税额填入对应经营所得纳税申报表"减免税额"栏次，并附报《个人所得税减免税事项报告表》。对于通过电子税务局申报的个体工商户，税务机关将提供该优惠政策减免税额和报告表的预填服务。实行简易申报的定期定额个体工商户，税务机关按照减免后的税额进行税款划缴。上述政策不适用个人独资企业和合伙企业。

合伙企业是指：

(1) 依照《中华人民共和国合伙企业法》登记成立的合伙企业；

(2) 依照《中华人民共和国私营企业暂行条例》登记成立的合伙性质的私营企业；

(3) 依照《中华人民共和国律师法》登记成立的合伙制律师事务所；

(4) 经政府有关部门依照法律法规批准成立的负无限责任和无限连带责任的个人合伙性质的机构或组织。

合伙企业以每一个合伙人为纳税义务人。合伙企业以每一纳税年度的收入总额减除成本、费用以及损失后的余额，作为投资者个人的生产经营所得。合伙企业的投资者按照合伙企业的全部生产经营所得和合伙协议约定的分配比例确定应纳税所得额，合伙协议没有约定分配比例的，以全部生产经营所得和合伙人数量平均计算每个投资者的应纳税所得额。

《国家税务总局关于〈关于个人独资企业和合伙企业投资者征收个人所得税的规定〉执行口径的通知》(国税函(2001)84 号)第二条规定合伙企业对外投资分回的利息或者股息、红利，不并入企业的收入，而应单独作为投资者个人取得的利息、股息、红利所得，按"利息、股息、红利所得"应税项目计算缴纳个人所得税。以合伙企业名义对外投资分回利息或者股息、红利的，应按规定确定各个投资者的利息、股息、红利所得，分别按"利息、股息、红利所得"应税项目计算缴纳个人所得税。

工作任务描述

杭州长河财税咨询合伙企业(有限合伙)统一社会信用代码：911201158006724986。适用小企业会计准则。合伙企业由张墨、刘天宇两人出资成立，其中张墨出资 60%，刘天宇出资 40%。

企业主要经营范围：财务咨询，税务咨询，代理记账(凭有效许可证经营)，企业管理咨询，代客户办理工商企业登记手续，商标代理，知识产权代理，专利代理，企业形象策划，市场营销策划,商务信息咨询(除商品中介),企业信用评估咨询,翻译服务。

上年度和本年度相关资料请从实训软件下载。

要求:

(1) 请审查该合伙企业个人所得税生产经营所得本年度预缴的计算数据是否正确,并进行本年度预缴纳税申报。

(2) 根据纳税申报数据,形成纳税申报表并依次保存,报表数据上报成功后,进入评分系统,选择相对应的案例进行系统评分。

想一想

根据工作任务描述,完成个人所得税生产经营所得预缴需要具备哪些依法纳税意识和职业素养?

工作流程

个人所得税生产经营所得预缴网上申报工作流程如图 3-93 所示。

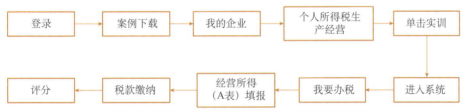

图 3-93　个人所得税生产经营所得预缴网上申报工作流程

- **实训平台登录**

使用浏览器登录电子税务局实训平台(http://tax.caidao8.com),输入对应的学校编码、账号、密码,进入平台,如图 3-94 所示。

图 3-94　实训平台登录界面

进入学生端,到个税系统选择界面,选择"个人所得税生产经营季度申报",可以看到登录按钮,单击登录后,进入操作界面,如图 3-95 所示。

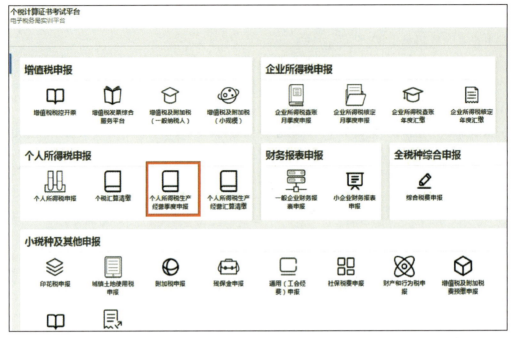

图 3-95　操作界面

- 经营所得（A 表）填报

进入系统后,进入"我要办税",根据案例信息进行"经营所得（A 表）"的填报,如图 3-96 所示。

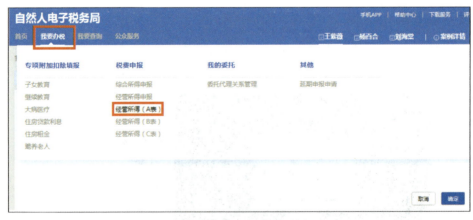

图 3-96　经营所得（A 表）填报

- 申报年度选择

根据案例信息进行申报年度的选择,如图 3-97 所示。

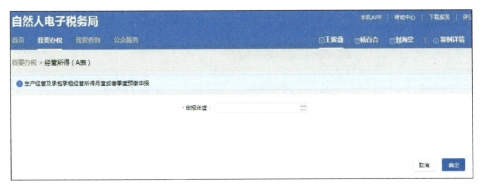

图 3-97 申报年度选择

- 录入单位信息

根据案例信息，录入纳税人识别号，单击"搜索"可以看到企业的详细信息，选中详细信息，单击确认添加，企业信息会自动填入对应框中，如图 3-98 所示。

图 3-98 录入单位信息

想一想

参考图 3-98，在申报 2021 年 4 月个人所得税生产经营所得预缴申报时，税款所属期起点为什么选择 2021-01，而不是选择 2021-04？

- 录入收入成本信息

根据案例填入对应的收入总额、成本费用并进行保存。填写完成后进入下一步，如图 3-99 所示。

图 3-99　录入收入成本信息

· 录入减免税额

根据案例信息,录入减免税额或税收协定优惠等事项。如有涉及捐赠支出的,可以单击添加捐赠支出,如图 3-100 所示。

图 3-100　录入减免税额

想一想

请说出合伙企业生产经营所得个人所得税在对外捐赠上是如何规定的。

- 确认申报信息

　　确认申报信息如图 3-101 所示。

图 3-101　确认申报信息

- 税款缴纳

　　提交申报记录后，可以在"我要查询"中，查看未完成申报记录，进行税款的缴纳。税款缴纳完成后，可以在已完成的记录上查询到，如图 3-102 所示。

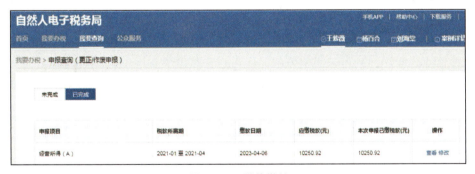

图 3-102　税款缴纳

实训评分及更正

【实训评分】

　　税款缴纳完成后，可以对案例进行评分，评分成功后可以看到自己的得分，如图 3-103 所示。

图 3-103　实训评分

【错误更正】

在申报查询处,可以对未完成的申报记录进行更正与作废的处理。更正后可以对之前的数据进行修改,作废后可以回到"经营所得申报表"处重新填写数据,之前所填写的数据会被清空,如图 3-104 所示。

图 3-104　错误更正

总结与收获

(1) 请对本次个人所得税生产经营所得预缴实务的操作过程进行总结。

----

(2) 通过本次课程的学习,你有哪些收获与体会?(可以从立德树人、创新创造、工匠精神培育、职业习惯养成等方面展开阐述)

工作任务考评

任务节点	技能要点	评分标准	自评	小组评	教师评
节点一 填写成本费用	正确进行收入总额和成本费用的填写	1. 独立完成且质量高,评为 A 2. 独立完成质量较好,评为 B 3. 在老师指导下完成任务,评为 C 4. 在老师指导下仍不能完成任务,评为 D			
节点二 填写税收优惠	正确填写税收优惠	1. 独立完成且质量高,评为 A 2. 独立完成质量较好,评为 B 3. 在老师指导下完成任务,评为 C 4. 在老师指导下仍不能完成任务,评为 D			
节点三 申报表编辑	正确编辑申报表	1. 独立完成且质量高,评为 A 2. 独立完成质量较好,评为 B 3. 在老师指导下完成任务,评为 C 4. 在老师指导下仍不能完成任务,评为 D			
节点四 申报更正	对申报数据进行更正	1. 独立完成且质量高,评为 A 2. 独立完成质量较好,评为 B 3. 在老师指导下完成任务,评为 C 4. 在老师指导下仍不能完成任务,评为 D			
		综合评价(A、B、C、D 档)			
		综合评价(折合为百分制)			

学习活动四　个人所得税生产经营所得汇算清缴申报

学习目标

(1) 能够明确个人所得税生产经营所得纳税调整和不允许进行税前扣除的项目。

(2) 能够熟练运用电子税务局实训平台进行个人所得税生产经营所得汇算清缴相关的数据采集、整理、提交、计算等事项。

(3) 能够进行个人所得税生产经营所得汇算清缴的申报实训。

个人所得税
生产经营所得
汇算清缴申报
视频

建议学时

2 学时

知识链接

（一）经营所得汇算清缴的计算

$$应纳所得税额＝应纳税所得额×适用税率－速算扣除数$$

（二）经营所得应纳税所得额计算公式

应纳税所得额的计算，分两种情况。

一种是没有综合所得的情况：

$$年度经营所得应纳税所得额＝（收入总额－成本－费用－损失）×分配比例\\－基本减除费用－专项扣除－专项附加扣除\\－依法确定的其他扣除－准予扣除的捐赠$$

另一种是有综合所得的情况：

$$年度经营所得应纳税所得额＝（收入总额－成本－费用－损失）×分配比例\\－准予扣除的捐赠$$

（三）不能在税前扣除的支出

有些支出，不允许进行税前扣除，具体如下。

（1）个人所得税税款。

（2）税收滞纳金。

（3）罚金、罚款和被没收财物的损失。

（4）不符合扣除规定的捐赠支出。

（5）赞助支出。

（6）用于个人和家庭的支出。包括以下3方面。

① 个体工商户在生产经营活动中，应当分别核算生产经营费用和个人、家庭费用。对于生产经营与个人、家庭生活混用难以分清的费用，其40%视为与生产经营有关费用，准予扣除。

② 个人独资企业和合伙企业的投资者及其家庭发生的生活费用与企业生产经营费用混在一起，并且难以划分的，全部视为投资者个人及其家庭发生的生活费用，不允许在税前扣除。

③ 个人独资企业、合伙企业的个人投资者以企业资金为本人、家庭成员及其相关人员支付与企业生产经营无关的消费性支出及购买汽车、住房等财产性支出，视为企业对个人投资者的利润分配，并入投资者个人的生产经营所得，依照"经营所得"项目计征个人所得税。

（7）与取得生产经营收入无关的其他支出。除依照国家有关规定为特殊工种从业人员支付的人身安全保险费和财政部、国家税务总局规定可以扣除的其他商业保险费以外，为本人或者为从业人员支付的商业保险费不得扣除。

（8）投资者工资薪金支出。

工作任务描述

杭州天心财税咨询合伙企业（有限合伙）统一社会信用代码：911201158006724986。适用小企业会计准则。合伙企业由张墨、刘天宇两人出资成立，其中张墨出资60%，刘天宇出资40%。

企业主要经营范围:财务咨询,税务咨询,代理记账(凭有效许可证经营),企业管理咨询,代客户办理工商企业登记手续,商标代理,知识产权代理,专利代理,企业形象策划,市场营销策划,商务信息咨询(除商品中介),企业信用评估咨询,翻译服务。

上年度和本年度相关资料请从实训软件下载。

要求:

(1)请审查该合伙企业个人所得税生产经营所得上年度汇算清缴的计算数据是否正确,并进行上年度汇算清缴纳税申报。

(2)根据纳税申报数据,形成纳税申报表并依次保存,报表数据上报成功后,进入评分系统选择相对应的案例进行系统评分。

想一想

根据工作任务描述,完成个人所得税生产经营所得汇算清缴需要具备哪些依法纳税意识和职业素养?

工作流程

个人所得税生产经营所得汇算清缴网上申报工作流程如图3-105所示。

图3-105　个人所得税生产经营所得汇算清缴网上申报工作流程

• 实训平台登录

浏览器登录电子税务局实训平台http://tax.caidao8.com,输入对应的学校编码、账号、密码,进入平台,如图3-106所示。

图3-106　实训平台登录

进入学生端,到个税系统选择界面,选择"个人所得税生产经营汇算清缴",可以看到登录按钮,单击登录后,进入操作界面,如图 3-107 所示。

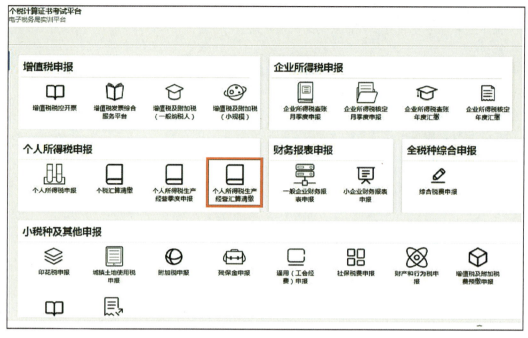

图 3-107　操作界面

·经营所得(B 表)填报

进入系统后,进入"我要办税",根据案例信息进行经营所得(B 表)的填报,如图 3-108 所示。

图 3-108　经营所得(B 表)填报

·申报年度选择

根据案例信息进行申报年度的选择,如图 3-109 所示。

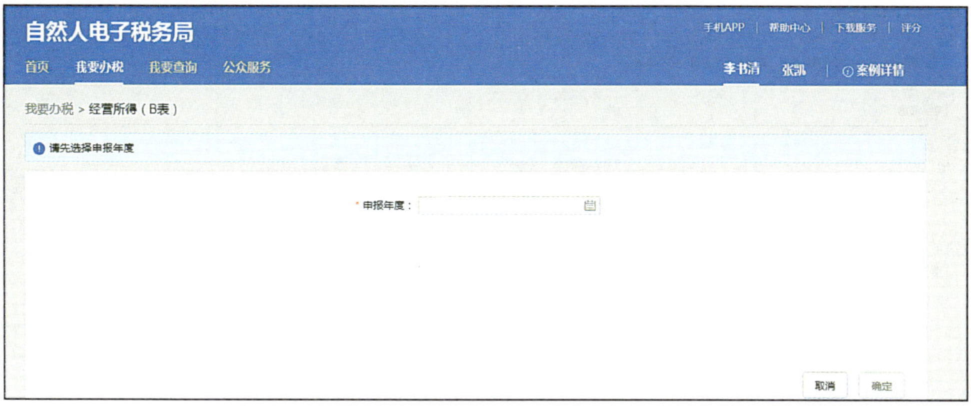

图 3-109　申报年度选择

• 录入单位信息

根据案例信息，录入纳税人识别号，单击搜索可以看到企业的详细信息，选中详细信息，单击确认添加，企业信息会自动填入对应框中，如图 3-110 所示。

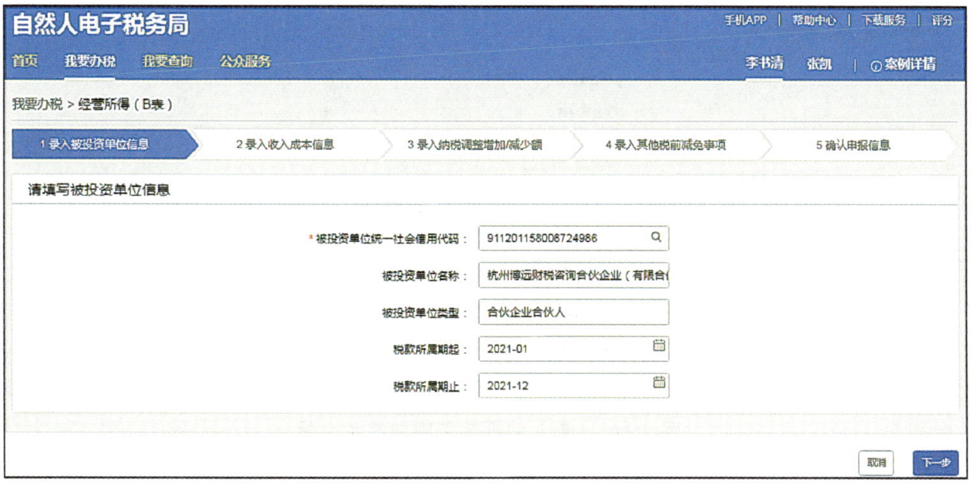

图 3-110　录入单位信息

• 录入收入成本信息

根据案例填入对应的收入、成本信息并进行保存。单击右侧倒三角可以展开成本费用的填写界面。填写完成后进入下一步，如图 3-111 所示。

• 录入纳税调整增加或减少额

根据案例信息，录入纳税调整增加或减少额，如未涉及，可以不用填写，如图 3-112 所示。

图 3-111　录入收入成本信息

图 3-112　录入纳税调整增加或减少额

 想一想

请说出生产经营所得个人所得税纳税调增所涉及的扣除限额标准。

_____

_____

_____

• 录入其他税前减免事项

根据案例信息,录入其他税前减免事项,选择是否有综合所得申报(必选)。

按照税法规定,如果选择"有",可在综合所得申报中扣除"投资者减除费用、专项扣除、专项附加扣除、其他";如果选择"没有",则可以在此进行专项附加扣除的新增和其他扣除的填写。如有涉及捐赠支出的,可以单击添加捐赠支出,如图 3-113 所示。

图 3-113　录入其他税前减免事项

想一想

请说出合伙企业生产经营所得个人所得税有哪些税收优惠政策。

- 确认申报信息

确认申报信息如图 3-114 所示。

图 3-114　确认申报信息

- **税款缴纳**

提交申报记录后,可以在"我要查询"中,查看未完成申报记录,进行税款的缴纳。税款缴纳完成后,可以在已完成的记录上查询到,如图 3-115 所示。

图 3-115　税款缴纳

实训评分及更正

【实训评分】

税款缴纳完成后,可以对案例进行评分,评分成功后可以看到自己的得分,如图 3-116 所示。

图 3-116　实训评分

【错误更正】

在申报查询处,可以对未完成的申报记录进行更正与作废的处理。更正后可以对之前的数据进行修改，作废后可以回到"经营所得申报表"处重新填写数据，之前所填写的数据会被清空，如图 3-117 所示。

图 3-117　错误更正

总结与收获

（1）请对本次个人所得税生产经营所得汇算清缴实务的操作过程进行总结。

（2）通过本次课程的学习，你有哪些收获与体会？（可以从立德树人、创新创造、工匠精神培育、职业习惯养成等方面展开阐述）

工作任务考评

任务节点	技能要点	评分标准	自评	小组评	教师评
节点一 纳税调增调减	正确进行纳税调增调减填写	1. 独立完成且质量高，评为 A 2. 独立完成质量较好，评为 B 3. 在老师指导下完成任务，评为 C 4. 在老师指导下仍不能完成任务，评为 D			
节点二 税收优惠	正确填写税收优惠	1. 独立完成且质量高，评为 A 2. 独立完成质量较好，评为 B 3. 在老师指导下完成任务，评为 C 4. 在老师指导下仍不能完成任务，评为 D			

续表

任务节点	技能要点	评分标准	自评	小组评	教师评
节点三 申报表编辑	正确编辑申报表	1. 独立完成且质量高,评为 A 2. 独立完成质量较好,评为 B 3. 在老师指导下完成任务,评为 C 4. 在老师指导下仍不能完成任务,评为 D			
节点四 申报更正	对申报数据进行更正	1. 独立完成且质量高,评为 A 2. 独立完成质量较好,评为 B 3. 在老师指导下完成任务,评为 C 4. 在老师指导下仍不能完成任务,评为 D			
综合评价(A、B、C、D 档)					
综合评价(折合为百分制)					

税收新篇

党的二十大提出要完善分配制度,加大税收、社会保障、转移支付等的调节力度,完善个人所得税制度,规范收入分配秩序,规范财富积累机制,保护合法收入,调节过高收入,取缔非法收入。这一要求与个人所得税的改革和实施密切相关。

个人所得税是国家对个人所得征收的一种税,它在调节收入分配、促进社会公平方面发挥着重要作用。通过完善个人所得税制度,可以更有效地保护合法收入,调节过高收入,取缔非法收入。例如,可以通过适当提高个税起征点、优化税率结构等方式,减轻中低收入者的税负,让税收更加公平合理。同时,规范收入分配秩序也是个人所得税改革的重要目标之一。通过加强对高收入者的税收征管,打击偷税漏税行为,可以有效调节过高收入,促进财富的合理积累。此外,还可以加强对非法收入的打击力度,维护社会公平正义。

总之,将党的二十大提出的要求与个人所得税相结合,可以更好地发挥税收在调节收入分配、促进社会公平方面的作用,推动经济社会的可持续发展。具体表现如下:

(1) 共同富裕:共同富裕是党的二十大精神的重要内容之一。个人所得税的征收对于促进经济发展和社会公平起到很大的作用,个人所得税可以通过税收政策调节收入分配,促进共同富裕的实现。

(2) 创新驱动:党的二十大报告指出,要坚持创新驱动发展战略。个人所得税对创新具有很大的激励作用,例如个人所得税的税前扣除政策,鼓励个人加大对创新的投入,推动技术创新和产业升级。

(3) 绿色发展:绿色发展是党的二十大精神的重要内容之一。个人所得税对环保产业和绿色经济能起到很大的支持,如对资源综合利用、节能环保等行业的税收优惠,促进经济的可持续发展。

(4) 社会公平:个人所得税的征收应体现社会公平原则。个人所得税的累进税率制度,以及税前扣除、专项附加扣除等政策,说明个人所得税对于调节收入分配、促进社会公平能起到很大的作用。

(5) 法治精神:党的二十大提出要全面推进依法治国。在个人所得税的内容中,可以强调依法纳税的重要性,培养学生的法治意识。

项目四　消费税及小税种申报实务

本项目包括消费税申报和小税种申报两个学习活动。

消费税及小税种
申报视频

项目目标

序号	学习活动名称	学习活动内容	应达到的技能和素质要求	结　　果
1	消费税申报	1. 消费税的税款计算 2. 消费税的纳税申报	1. 熟练计算消费税税额 2. 独立按时办理消费税纳税申报及税款缴纳工作 3. 掌握消费税纳税申报表填报时的注意事项	1. 正确填写消费税申报主表及其附表 2. 完成税款缴纳
2	小税种申报	1. 小税种的税款计算 2. 小税种的纳税申报	1. 熟练计算小税种税额 2. 独立按时办理小税种纳税申报及税款缴纳工作 3. 掌握小税种纳税申报表填报时的注意事项	1. 正确填写小税种申报主表及其附表 2. 完成小税种税款缴纳

工作任务

（1）杭州瑞得烟草有限公司（增值税一般纳税人）主营烟类产品的生产销售，请根据该公司本月经济业务事项，完成该公司本月消费税申报工作。

（2）贝尔斯照明灯具制造有限公司为增值税一般纳税人，企业所得税征收方式为查账征收，根据该公司本月经济业务事项，完成该公司本月小税种申报工作。

思维导图

项目四思维导图如图 4-1 所示。

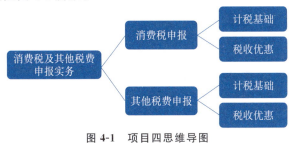

图 4-1　项目四思维导图

学习活动一　消费税申报

消费税包括烟类、酒类、小汽车、成品油、卷烟(批发)、电池、涂料、其他等8个网上申报实训系统。各系统的网上申报流程大同小异,本教材以烟类消费税网上申报实训系统为例进行讲解。

学习目标

(1) 能够说出消费税纳税申报表的填制方法。
(2) 能够独立办理消费税纳税申报工作。
(3) 能够独立完成消费税税款缴纳工作。

建议学时

2学时

知识链接

(一) 纳税义务人

纳税人义务如图4-2所示。

图4-2　纳税人义务

(二) 消费税税率

比例税率:适用于大多数应税消费品,税率从1%至56%。
定额税率:只适用于啤酒、黄酒、成品油。
复合计税:白酒、卷烟这两种应税消费品实行定额税率与比例税率相结合的复合计税。

工作任务描述

杭州瑞得烟草有限公司(增值税一般纳税人)主营烟类产品的生产销售,2022年1月的相关资料请从实训软件下载。

要求:

(1) 请审查该公司消费税计算数据是否正确,并进行消费税纳税申报。

(2) 根据纳税申报数据,形成纳税申报表并依次保存,报表数据上报成功后,进入评分系统,选择相对应的案例进行系统评分。

想一想

根据工作任务描述,完成消费税申报需要具备哪些依法纳税意识和职业素养?

工作流程

消费税申报工作流程如图 4-3 所示。

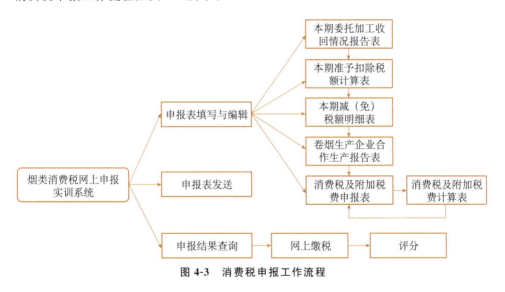

图 4-3 消费税申报工作流程

- **实训平台登录**

单击"消费税—烟类消费税网上申报实训系统"进入系统主页面,如图 4-4 和图 4-5 所示。

图 4-4　实训平台登录

图 4-5　进入系统主页面

· 申报表填写

单击"申报表填写及编辑"菜单项，打开申报表填写首页，如图 4-6 所示。

图 4-6　申报表填写

先依次填写附表一、附表二、附表三的报表保存数据，然后再填写主表，如图 4-7～图 4-10 所示。

报表列表　附表一：本期准予扣除税额计算表

本期准予扣除税额计算表

	税款所属期：2015年03月01日 至 2015年03月31日		
纳税人名称（公章）：	黄爱玲	纳税人识别号	440199999000582
填表日期：	2015年04月14日	金额单位：元（列至角分）	
一、当期准予扣除的委托加工烟丝已纳税款计算			
1．期初库存委托加工烟丝已纳税款：			0.00
2．当期收回委托加工烟丝已纳税款：			0.00
3．期末库存委托加工烟丝已纳税款：			0.00
4．当期准予扣除的委托加工烟丝已纳税款：			0.00
二、当期准予扣除的外购烟丝已纳税款计算			
1. 期初库存外购烟丝买价：			0.00
2. 当期购进烟丝买价：			0.00
3. 期末库存外购烟丝买价：			0.00
4. 当期准予扣除的外购烟丝已纳税款：			0.00
三、本期准予扣除税款合计：			0.00

图 4-7　填写附表一

报表列表　附表二：本期代收代缴税额计算表

本期代收代缴税额计算表

	税款所属期：	2015年03月01日 至 2015年03月31日				
纳税人名称（公章）：	黄爱玲			纳税人识别号：	440199999000582	
填表日期：	2015年04月14日				金额单位：元（列至角分）	
应税消费品名称／项目		卷烟	卷烟	雪茄烟	烟丝	合计
适用税率	定额税率	30元/万支	30元/万支	--	--	----
	比例税率	56%	36%	36%	30%	----
委托加工数量		0.00	0.00	0.00	0.00	----
同类产品销售价格		0.00	0.00	0.00	0.00	----
材料成本		0.00	0.00	0.00	0.00	----
加工费		0.00	0.00	0.00	0.00	----
组成计税价格		0.00	0.00	0.00	0.00	----
本期代收代缴税款		0.00	0.00	0.00	0.00	0.00

图 4-8　填写附表二

报表列表　附表三：卷烟生产企业年度销售明细表

卷烟生产企业年度销售明细表

[illegible]	[illegible]	产量	[illegible]	[illegible]	[illegible]	[illegible]	[illegible]	[illegible]
1	2	3	4	5	6	7	8	9
合计	-	0.0000	0.0000	-	-	-	0.00	-

图 4-9　填写附表三

图 4-10 填写主表

- **申报表发送**

选择"申报表发送",勾选要发送的税种,单击"申报表发送",如图 4-11 所示。

图 4-11 申报表发送

- **网上缴税**

报表发送成功后,有税款的需要进行税款的缴纳,单击"网上缴税"进行交税,如图 4-12 所示。

图 4-12 网上缴税

实训评分及更正

【实训评分】

完成任务后,勾选要评分的案例,单击"评分",进行成绩评判,如图 4-13 所示。

图 4-13　实训评分

【错误更正】

如果发现申报数据有误,单击"申报作废"按钮将申报表重置回未申报状态,如图 4-14 所示。

图 4-14　错误更正

总结与收获

(1) 请对本次消费税申报实务的操作过程进行总结。

（2）通过本次课程的学习，你有哪些收获与体会？（可以从立德树人、创新创造、工匠精神培育、职业习惯养成等方面展开阐述）

工作任务考评

任务节点	技能要点	评 分 标 准	自评	小组评	教师评
节点一 申报表填写	正确填写申报表	1. 独立完成且质量高，评为 A 2. 独立完成质量较好，评为 B 3. 在老师指导下完成任务，评为 C 4. 在老师指导下仍不能完成任务，评为 D			
节点二 申报表发送	正确发送申报表	1. 独立完成且质量高，评为 A 2. 独立完成质量较好，评为 B 3. 在老师指导下完成任务，评为 C 4. 在老师指导下仍不能完成任务，评为 D			
节点三 申报更正	对申报数据进行更正	1. 独立完成且质量高，评为 A 2. 独立完成质量较好，评为 B 3. 在老师指导下完成任务，评为 C 4. 在老师指导下仍不能完成任务，评为 D			
		综合评价(A、B、C、D 档)			
		综合评价(折合为百分制)			

学习活动二　小税种申报

小税种主要包括城建税、教育费附加、地方教育附加税(费)、环境保护纳税、房产税、土地增值税、城镇土地使用税、印花税、残疾人就业保障金、工会经费。上述其他税费的网上申报流程大同小异，本教材以城建税、教育费附加、地方教育附加税(费)网上申报为例进行讲解。

学习目标

（1）能够区分其他税费的纳税义务人、纳税范围、纳税义务发生时间和地点。
（2）能够判断其他税费适用税率，并计算各小税种应纳税额。
（3）能够熟练运用实训平台进行其他税费数据采集、整理、提交、计算、申报等事项。

建议学时

2学时

知识链接

（一）城市维护建设税的特点

税款专款专用，具有受益税性质。专款专用，用来保证城市的公共事业和公共设施的维护和建设，是一种具有受益税性质的税种。

属于一种附加税，以增值税、消费税"二税"实际缴纳的税额之和为计税依据。

根据城建规模设计税率。差别设置税率的办法（市区7％、县城和镇5％、其他地区1％），较好地照顾了城市建设的不同需要。

（二）教育费附加的特点

现行教育费附加率为3％，其随两税的缴纳而缴纳，两税的减免而减免。

外商投资企业不征，进口不征，出口不退。

计算公式：

$$应纳教育费附加 = (实际缴纳的增值税 + 消费税税额) \times 3\%$$

工作任务描述

位于县城的贝尔斯照明灯具制造有限公司（增值税一般纳税人），本月发生见案例资料（案例资料请从实训软件下载）。

要求：

（1）请审查该公司本月城建税、教育费附加、地方教育附加税（费）计算数据是否正确，并进行城建税、教育费附加、地方教育附加税（费）申报。

（2）根据纳税申报数据，形成纳税申报表并依次保存，报表数据上报成功后，进入评分系统，选择相对应的案例进行系统评分。

想一想

根据工作任务描述，完成城建税、教育费附加、地方教育附加税（费）需要具备哪些依法纳税意识和职业素养？

工作流程

小税种申报工作流程如图4-15所示。

图 4-15　小税种申报工作流程

- 实训平台登录

实训平台登录如图 4-16 和图 4-17 所示。

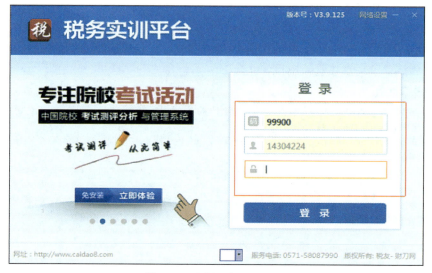

图 4-16　实训平台登录界面

图 4-17　进入系统

• 修改税款所属期

修改税款所属期如图 4-18 所示。

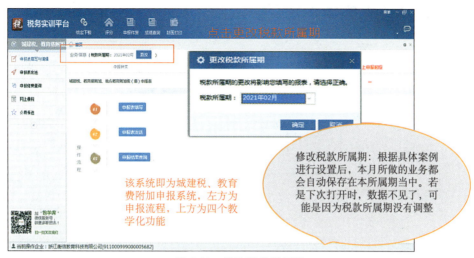

图 4-18　修改税款所属期

• 申报表填写与编辑

申报表填写与编辑如图 4-19 所示。

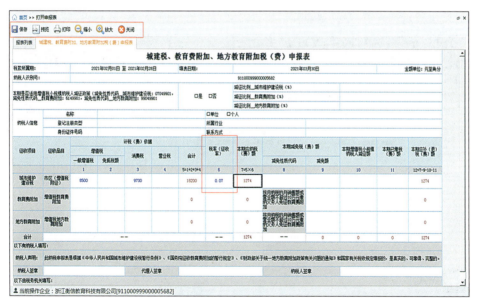

图 4-19　申报表填写与编辑

想一想

请说出城建税、教育费附加、地方教育附加税（费）的计税依据。

- 申报表发送

    申报表发送如图 4-20 所示。

图 4-20　申报表发送

- 申报表状态查询

    申报表状态查询如图 4-21 所示。

图 4-21　申报表状态查询

- 网上缴税

    网上缴税如图 4-22 所示。

项目四 消费税及小税种申报实务 171

图 4-22 网上缴税

实训评分及更正

【实训评分】

税款缴纳完成后,可以对案例进行评分,评分成功后可以看到自己的得分,如图 4-23 所示。

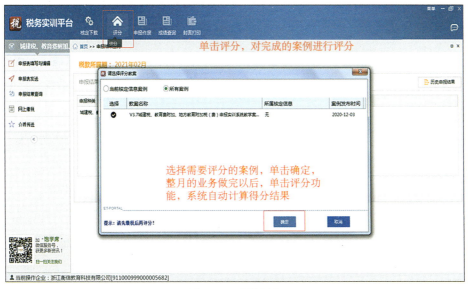

图 4-23 实训评分

【错误更正】

返回申报表填写,单击编辑或删除按钮,可对报表数据进行修改或清除全部数据,如图 4-24 所示。

图 4-24　错误更正

总结与收获

（1）请对本次小税种申报实务的操作过程进行总结。

（2）通过本次课程的学习，你有哪些收获与体会？（可以从立德树人、创新创造、工匠精神培育、职业习惯养成等方面展开阐述）

工作任务考评

任务节点	技能要点	评分标准	自评	小组评	教师评
节点一 申报表登录	正确选择小税种申报表	1. 独立完成且质量高，评为A 2. 独立完成质量较好，评为B 3. 在老师指导下完成任务，评为C 4. 在老师指导下仍不能完成任务，评为D			

续表

任务节点	技能要点	评 分 标 准	自评	小组评	教师评
节点二 税款所属期	正确修改税款所属期	1. 独立完成且质量高,评为 A 2. 独立完成质量较好,评为 B 3. 在老师指导下完成任务,评为 C 4. 在老师指导下仍不能完成任务,评为 D			
节点三 申报表编辑	正确编辑申报表	1. 独立完成且质量高,评为 A 2. 独立完成质量较好,评为 B 3. 在老师指导下完成任务,评为 C 4. 在老师指导下仍不能完成任务,评为 D			
节点四 申报更正	对申报数据进行更正	1. 独立完成且质量高,评为 A 2. 独立完成质量较好,评为 B 3. 在老师指导下完成任务,评为 C 4. 在老师指导下仍不能完成任务,评为 D			
综合评价(A、B、C、D 档)					
综合评价(折合为百分制)					

税收新篇

党的二十大提出要健全现代预算制度,优化税制结构,这为消费税和其他税种的改革和发展提供了指导方向。同时,党的二十大还提出要完善支持绿色发展的财税、金融、投资、价格政策和标准体系,发展绿色低碳产业,这与消费税和其他税种的征收和使用密切相关。

消费税作为一种间接税,可以通过对特定消费品征收税费来调节消费行为和引导资源配置。为了支持绿色发展,消费税可以对高污染、高能耗的产品征收较高的税费,对环保、低碳的产品征收较低的税费,以鼓励消费者选择绿色产品,推动产业升级和转型。此外,其他税种如资源税、环境保护税等也可以与消费税相结合,共同构建支持绿色发展的税制体系。例如,资源税可以对不可再生资源征收税费,以促进资源的合理开发和利用;环境保护税可以对污染行为征收税费,以减少环境污染和生态破坏。同时,政府还可以通过财政政策、金融政策、投资政策和价格政策等手段,引导社会资本流向绿色低碳产业,促进绿色发展。例如,政府可以加大对绿色产业的财政投入,提供优惠贷款和投资政策,以及制定相关的价格政策,以鼓励企业采用绿色低碳技术和生产方式。

总之,将党的二十大提出的健全现代预算制度和支持绿色发展的要求与消费税和其他税种相结合,可以更好地发挥税收的调节作用,推动经济社会的可持续发展。具体表现如下。

(1) 共同富裕:共同富裕是党的二十大精神的重要内容之一。消费税和其他小税种的征收对于促进经济发展和社会公平能起到很大的作用,说明消费税和其他小税种可以通过税收政策调节收入分配,促进共同富裕的实现。

(2) 创新驱动:党的二十大报告指出,要坚持创新驱动发展战略。消费税和其他小税种对创新能起到很大的激励作用,例如对高新技术产业的税收优惠,鼓励企业加大对创新的投入,推动技术创新和产业升级。

(3) 绿色发展:绿色发展是党的二十大精神的重要内容之一。消费税对环保产业和绿色经济能起到很大的支持,如对资源综合利用、节能环保等行业的税收优惠,促进经济的可持续发展。

(4) 社会公平:消费税和其他小税种的征收应体现社会公平原则。消费税的累进税率制度,以及其他小税种对弱势群体的税收优惠政策,说明消费税和其他小税种对于调节收入分配、促进社会公平能起到很大的作用。

(5) 法治精神:党的二十大提出要全面推进依法治国。在消费税和其他小税种的内容中,可以强调依法纳税的重要性,培养学生的法治意识。

项目五　纳税筹划实务

本教材的企业纳税筹划实训,包括纳税筹划教学系统和纳税筹划单点策略实训系统两部分内容。

纳税筹划
实务视频

项目目标

学习活动名称	学习活动内容	应达到的技能和素质要求	结　果
纳税筹划实务	1. 纳税筹划理论知识的掌握 2. 根据企业基本情况进行单点实训	1. 熟练掌握税收筹划的理论知识 2. 通过理论知识的各种经典案例了解筹划思路 3. 完成企业的税收筹划实训,进行业务分析与方案设计	1. 根据企业基本情况进行业务分析 2. 提出一套该企业纳税筹划的设计方案

工作任务

贝尔斯照明灯具制造有限公司为增值税一般纳税人,企业所得税征收方式为查账征收,按照实际利润预缴方式预缴企业所得税。

公司法人代表张云胜,企业地址在深圳市宝安区西乡街328号,电话号码为0755-25941111,纳税人识别号为914489430284900129,公司注册资金陆佰万元(600万元),注册时间为2016年2月1日,行业性质为加工制造业,开户银行为徽商银行松岗支行,开户行账号为1506080988830290。

公司经营范围:主营各类家用节能灯产品、商业灯具产品、景观灯笼产品的加工生产,兼营灯具各类配件,并提供运输服务。

本月发生业务见案例资料(案例资料请从实训软件下载)。

要求:

(1) 请审查该公司本月税款计算数据是否正确。

(2) 完成该公司本月各项税款筹划的实训。

思维导图

项目五思维导图如图5-1所示。

图 5-1　项目五思维导图

建议学时

8～10 学时

知识链接

纳税筹划（Tax Planning），通过对涉税业务进行策划，制作一整套完整的纳税操作方案来达到合法节税的目的。纳税筹划的内容包括避税筹划、节税筹划、规避"税收陷阱"筹划、税收转嫁筹划和涉税零风险筹划五个方面。

（一）避税筹划

避税筹划是相对于逃税而言的一个概念，是指纳税人采用不违法的手段，利用税法中的漏洞、空白获取税收利益的筹划。因此避税筹划既不违法，也不合法，而是处在两者之间，是一种"非违法"的活动。

对于这种方式的筹划，理论界有一定争议，很多学者认为这是对国家法律的蔑视，应该取缔。但有很多学者认为，这种筹划虽然违背了立法精神，但其获得成功的重要前提是纳税人对税收政策进行认真研究，并在法律条文形式上对法律予以认可，这与纳税人不尊重法律的偷税、逃税有着本质的区别。对于纳税人的这种筹划，税务机关不应该予以否定，更不应该给予法律制裁。国家所能做的应该是不断地完善税收法律规范，填补空白，堵塞漏洞，使得类似的情况不再发生，采取反避税措施对其加以控制。

（二）节税筹划

节税筹划是指纳税人在不违背税法立法精神的前提下，利用税法中固有的起征点、免征额、减税、免税等一系列的优惠政策和税收惩罚等倾斜调控政策，通过对企业筹资、投资及经营等活动的巧妙安排，以达到减轻自身税负为目的。这种筹划是纳税筹划的组成部分之一，理论界早已达成共识，国家也从各方面给予扶持。

（三）规避"税收陷阱"筹划

规避"税收陷阱"筹划是指纳税人在经营活动中，要注意不要陷入税收政策规定的一些被认为是税收陷阱的条款。例如《增值税暂行条例》规定：兼营不同税率的货物或劳务，应分别核算，未分别核算的，从高适用增值税税率。如果人们对经营活动不进行事前的纳税筹划，就有可能掉进"纳税陷阱"，从而增加企业的税收负担。

（四）税收转嫁筹划

税收转嫁筹划是指纳税人为了达到减轻自身的税收负担的目的，采用纯经济的手段，通过调整销售商品的价格,将税收负担转嫁给他人承担的经济活动。由于转嫁筹划能够实现降低自身税负的目标,因此人们也将其列入纳税筹划的范畴。

(五)涉税零风险筹划

涉税零风险筹划是指纳税人生产经营账目清楚,纳税申报正确,税款缴纳及时、足额,没有任何税收违法乱纪行为,或风险极小,可忽略不计的一种状态。当谈及纳税筹划时,通常情况下误认为是指企业或个人运用各种手段直接减轻自身税收负担的行为,但这种认识是相当片面的。因为,除减轻税收负担外,还存在不会直接获得任何税收上的好处,但可以避免出现涉税损失的情况,这也相当于实现了一定的经济收益,这种状态就是涉税零风险。笔者认为,实现涉税零风险也是纳税筹划的重要内容。

✓ 想一想

根据工作任务描述,进行纳税筹划需要具备哪些依法纳税意识和职业素养?

工作流程

- **登录纳税筹划教学系统**

登录税务实训平台学生端——"风险管控"——"纳税筹划教学系统",如图5-2和图5-3所示。

图5-2 登录系统

图 5-3　进入纳税筹划系统

注意：如果学生账号已经过风控账号授权，也可通过网页端登录，登录账号与税务实训平台学生端账号一致；网址 http://practise.caidao8.com/fxgk/login，如图 5-4 所示。

图 5-4　登录网页端系统

"未授权"状态：该学员账号未授权或已到期，无法单击进入。

"未激活"状态：有此产品的权限，但并未激活，不会有产品剩余时间的倒计时显示，学员若进入该产品模块练习，则会显示产品的剩余使用时间，如图 5-5 所示。

图 5-5　未激活状态

- **进入案例**

进入纳税筹划教学系统，系统内置"筹划理论教与学""筹划理论随堂练""筹划选案复盘练"三个模块，如图 5-6 所示。

图 5-6　进入案例

·筹划理论教与学

单击"筹划理论教与学"，本模块以纳税筹划理论学习为主，分为四个部分：纳税筹划理论及分税种、分行业、综合类实训经典案例；分税种案例涵盖增值税、消费税、企业所得税等 18 个税种的筹划举例分析；分行业案例中涵盖制造业、建筑业等 20 个行业筹划举例分析；综合类则为单一企业的综合纳税筹划分析案例，如图 5-7 所示。

图 5-7　纳税筹划教学系统

·筹划理论随堂练

（1）单击左侧列表中的"筹划理论随堂练"，出现随堂练的目录，此模块为课堂练习题，每一任务后边的数字为该任务的题目数量，单击"开始练习"，如图 5-8 所示。

（2）做完题目后，单击右上方"交卷"，显示正确率，可查看答案解析、重做试题等，如图 5-9 和图 5-10 所示。

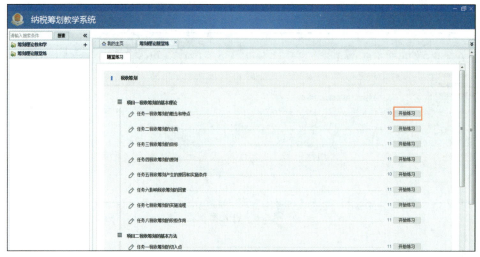

图 5-8　课堂练习

图 5-9　交卷（1）

图 5-10　交卷（2）

- 筹划选案复盘练

单击列表左侧中的"筹划选案复盘练",显示两种复盘方式"定向复查""随机选案",单击相应功能键进入对应方式下的复盘练习,如图5-11所示。

图 5-11 复盘练习

想一想

请写出纳税筹划教学系统的注意事项。

- 登录纳税筹划单点策略实训系统

登录税务实训平台学生端—"风险管控"—"纳税筹划单点策略实训系统",如图5-12和图5-13所示。

图 5-12 登录系统

图 5-13 进入系统

注意:如果学生账号已经过风控账号授权,那么也可以通过网页端登陆,登录账号与税务实训平台学生端账号一致;网址 http://practise.caidao8.com/fxgk/login,如图 5-14 所示。

图 5-14 网页端登录系统

"未授权"状态:该学员账号未授权或已到期,无法单击进入。

"未激活"状态:有此产品的权限,但并未激活,不会有产品剩余时间的倒计时显示,学员若进入该产品模块练习,则会显示产品的剩余使用时间,如图 5-15 所示。

图 5-15 未激活状态

- 进入案例

进入纳税筹划单点策略实训系统，"未做案例"会显示教师端已发布且学生未做过的案例列表，单击"立即进入"进入案例练习界面；"案例简介"则会提示案例所属行业、税种、筹划方法、案例难度等信息，如图 5-16 所示。

图 5-16　进入案例

"已做案例"显示教师端已发布且学生已经操作过的案例列表，单击"继续练习"进入案例练习界面，如图 5-17 所示。

图 5-17　已做案例

- 案例练习

进入案例操作界面，左侧列表为"学习指引""行企背景""案例情景""筹划策略与实施"。

背景及业务详情

单击"学习指引"与"行企背景"对本案例做背景了解，单击"案例情景"，出现该案例所属企业的基本信息、经营情况、业务详情、纳税情况、相关税收法规，这部分需作重点了解，如图 5-18 所示。

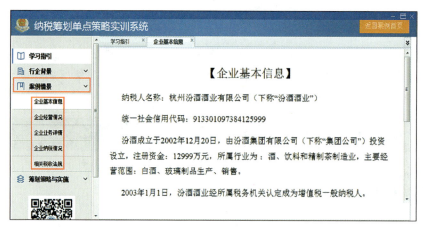

图 5-18 企业基本信息

想一想

请写出纳税筹划单点策略实训系统的注意事项。

筹划策略与实施

（1）筹划空间排查。单击"筹划策略与实施"复选框中的"业务分析"，单击图中"筹划空间排查"，勾选业务。

注意：在将业务分析四个项目全部勾选之后，再单击下方"开始方案设计"，截图中所勾选的选项非正确答案，如图 5-19 所示。

图 5-19 筹划空间排查

（2）筹划风险点剔除。勾选不合理纳税筹划风险点并进行剔除，如图 5-20 所示。

（3）筹划思路确认。勾选认为可行的筹划思路，如图 5-21 所示。

（4）筹划方法选择。筹划方法选择如图 5-22 所示。

项目五 纳税筹划实务

图 5-20　筹划风险点剔除

图 5-21　筹划思路确认

图 5-22　筹划方法选择

• 方案设计

在勾选完四个业务分析点之后,单击"开始方案设计",进入方案设计。

(1) 单击"新增一行"按钮,增加方案设计的分类项目,进行选择,填补筹划方案的各项内容,如图 5-23 所示。

图 5-23　增加方案设计的分类项目

(2) 在"增加业务"复选框下,会显示所有在"业务分析"—"筹划空间排查"步骤中的已勾选项,如图 5-24 所示。

图 5-24　增加业务

(3) 针对上步增加的业务"增加方案",同一业务增加 1~6 个纳税筹划方案,便于后期在筹划方案确认时进行比对选择,择优确认,如图 5-25 所示。

图 5-25　增加纳税筹划方案

(4) 在各筹划方案对应的"筹划思路"复选框下,选择筹划思路,列表中的筹划思路为

"业务分析"—"筹划思路确认"步骤中的已勾选项,如图5-26所示。

图 5-26　筹划思路确认

(5) 在对应的"筹划方法"复选框下进行选择,列表中的筹划方法为"业务分析"—"筹划方法选择"步骤中的已勾选项,如图5-27所示。

图 5-27　筹划方法选择

(6) 在"筹划过程""筹划结论"项目下进行填写,需调整的业务纳税筹划则需要单击后边的"删除"按钮进行整行删除,如图5-28所示。

图 5-28　调整纳税筹划

(7) 单击"方案确认"。在已设计好的筹划方案中选择最优项,补充筹划结论的内容部分,单击"保存"按钮。如图5-29所示。

图5-29　保存纳税筹划方案

(8)提交筹划方案,查看实训报告,如图5-30所示。

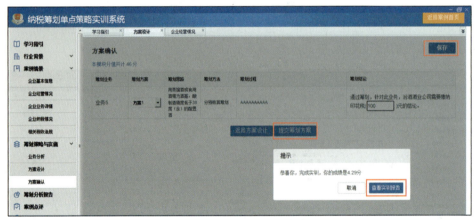

图5-30　提交纳税筹划方案

实训评分及更正

【实训评分】

实训完成后,提交方案系统会自动评分,如图5-31所示。

图5-31　实训评分

【错误更正】

如果评分后成绩不理想,可以进行修改,并重新提交方案进行评分。

总结与收获

(1) 请对本次实务的操作过程进行总结。

_____

_____

_____

(2) 通过本次课程的学习,你有哪些收获与体会?(可以从立德树人、创新创造、工匠精神培育、职业习惯养成等方面展开阐述)

_____

_____

_____

工作任务考评

任务节点	技能要点	评分标准	自评	小组评	教师评
节点一 筹划理论教与学	能正确进入实训系统并进行纳税筹划理论学习	1. 独立完成且质量高,评为A 2. 独立完成质量较好,评为B 3. 在老师指导下完成任务,评为C 4. 在老师指导下仍不能完成任务,评为D			
节点二 筹划理论随堂练	能正确进入实训系统并进行课堂练习	1. 独立完成且质量高,评为A 2. 独立完成质量较好,评为B 3. 在老师指导下完成任务,评为C 4. 在老师指导下仍不能完成任务,评为D			
节点三 筹划策略与实施	正确进行税收筹划策略的选择和实施	1. 独立完成且质量高,评为A 2. 独立完成质量较好,评为B 3. 在老师指导下完成任务,评为C 4. 在老师指导下仍不能完成任务,评为D			
节点四 筹划方案设计	正确进行税收筹划方案的设计	1. 独立完成且质量高,评为A 2. 独立完成质量较好,评为B 3. 在老师指导下完成任务,评为C 4. 在老师指导下仍不能完成任务,评为D			
		综合评价(A、B、C、D档)			
		综合评价(折合为百分制)			

税收新篇

党的二十大精神强调了经济发展、社会公平和环境保护等重要方面,这些理念与纳税筹划密切相关。纳税筹划是企业和个人在合法合规的前提下,通过合理规划税收来优化财务结构和降低税负的重要手段。

在党的二十大精神的指引下,纳税筹划应注重遵循法律法规,维护税收公平,推动可持续发展。企业和个人在进行纳税筹划时,应遵守税法规定,不进行任何违法逃税行为,确保公平纳税。同时,党的二十大精神强调了经济的高质量发展和创新驱动。纳税筹划可以与创新相结合,通过合理利用税收优惠政策,鼓励企业加大研发投入,推动技术创新和产业升级,提高经济的质量和效益。此外,党的二十大精神还关注社会公平和共同富裕。纳税筹划可以在合法的范围内,通过合理的税收规划,为企业和个人提供更多的资金用于社会责任的履行,促进社会公平和共同富裕的实现。

总之,将党的二十大精神与纳税筹划相结合,要求我们在纳税筹划过程中注重法律合规、推动经济高质量发展、促进社会公平和共同富裕,以实现可持续的发展和社会的和谐进步。具体表现如下。

(1) 共同富裕:共同富裕是党的二十大精神的重要内容之一。在纳税筹划中,可以强调企业的社会责任,鼓励企业通过合理的纳税筹划,为社会创造更多的财富,促进共同富裕的实现。

(2) 创新驱动:党的二十大报告指出,要坚持创新驱动发展战略。在纳税筹划中,可以鼓励企业加大对研发创新的投入,通过税收优惠政策来降低研发成本,提高企业的创新能力。

(3) 绿色发展:绿色发展是党的二十大精神的重要内容之一。在纳税筹划中,可以引导企业关注环境保护,鼓励企业采用绿色生产方式,通过税收优惠政策来支持企业的绿色发展。

(4) 社会公平:纳税筹划应体现社会公平原则。在教材中可以融入纳税筹划的案例,说明企业如何在合法合规的前提下,通过税收政策的利用,促进社会公平的实现。

(5) 法治精神:党的二十大提出要全面推进依法治国。在纳税筹划的内容中,可以强调依法纳税的重要性,以及纳税筹划必须在法律法规允许的范围内进行,培养学生的法治意识。

参 考 文 献

[1] 财政部会计资格评价中心．经济法基础［M］．北京：经济科学出版社，2023．
[2] 浙江衡信教育科技有限公司．税务实训平台操作指南．
[3] 浙江衡信教育科技有限公司．税务实训平台案例库．

附　录

软件授权提货单

学校和院系名称：_____（需院系盖章）

学校联系人：_____　联系方式：_____．

感谢贵校使用何炳荣等编写的《企业纳税申报与筹划实务》。为便于学校统一组织教学，学校可凭本提货单向浙江衡信教育科技有限公司(简称"衡信教育")免费申请安装《税务实训平台软件》(在后附产品目录中可任选4个模块，以学校为单位申请免费安装1次，60个站点内，不限学生账号数量，自安装之日起免费180天使用期)。若贵校申报了1+X个税计算职业技能等级证书，则可额外开通对应等级的个税预扣预缴、汇算清缴等实训系统辅助教学。

一、提货方式

1. 凭填写完整加盖院系公章等信息的提货单，向衡信教育申请试用；
2. 填写好后联系下方衡信教育工作人员开通；
3. 本提货单最终解释权归衡信教育所有。

二、衡信教育联系方式

公司网址：www.caidao8.com（财刀网）
　　　　　www.gssrz.com（个税研究院）
　　　　　www.hxkjgzs.com（衡信会计工作室）

联系方式：18605712366　　15005716400

企业微信邮箱：ligaoqi@caidao8.com

微信公众号：个税计算

浙江衡信教育科技有限公司

浙江衡信教育科技有限公司税务实训系列

序号	软件、设备及耗材名称	规格型号	单位	数量
1	增值税防伪税控开票实训系统(含扫码开票、电子发票开具)	衡信 V3.5	套	1
2	通用机打发票开票实训系统	衡信 V3.5	套	1
3	增值税发票综合服务平台实训系统(勾选认证)	衡信 V3.5	套	1
4	增值税及附加税(一般纳税人)网上申报实训系统	衡信 V3.5	套	1
5	增值税及附加税(小规模纳税人)网上申报实训系统	衡信 V3.5	套	1
6	查账征收月(季)企业所得税申报实训系统	衡信 V3.5	套	1
7	查账征收企业所得税年度汇算清缴申报实训系统	衡信 V3.5	套	1
8	核定征收企业所得税月(季)度预缴纳税申报	衡信 V3.5	套	1
9	核定征收企业所得税(年)度汇算清缴申报实训系统	衡信 V3.5	套	1
10	事业单位企业所得税网上申报实训系统	衡信 V3.5	套	1
11	金融保险企业所得税网上申报实训系统	衡信 V3.5	套	1
12	金税三期自然人税收管理系统实训软件(个人养老金、新专项附加扣除)	衡信 V3.5	套	1
13	个人所得税生产经营所得申报实训系统	衡信 V3.5	套	1
14	烟类消费税及附加税网上申报实训系统	衡信 V3.5	套	1
15	酒类消费税及附加税网上申报实训系统	衡信 V3.5	套	1
16	小汽车消费税及附加税网上申报实训系统	衡信 V3.5	套	1
17	成品油消费税及附加税网上申报实训系统	衡信 V3.5	套	1
18	卷烟消费税(批发)及附加税网上申报实训系统	衡信 V3.5	套	1
19	车购税申报实训系统	衡信 V3.5	套	1
20	其他消费税网上申报实训系统	衡信 V3.5	套	1
21	土地增值税申报实训系统	衡信 V3.5	套	1
22	印花税申报实训系统	衡信 V3.5	套	1
23	残疾人就业保障金缴费申报系统	衡信 V3.5	套	1
24	城建税、教育附加、地方教育附加税(费)申报系统	衡信 V3.5	套	1
25	城镇土地使用税纳税申报系统	衡信 V3.5	套	1
26	通用申报(工会经费)纳税申报系统	衡信 V3.5	套	1

续表

序号	软件、设备及耗材名称	规格型号	单位	数量
27	房产税纳税申报系统	衡信 V3.5	套	1
28	环境保护税纳税申报系统 A 类	衡信 V3.5	套	1
29	环境保护税纳税申报系统 B 类	衡信 V3.5	套	1
30	社会保险费缴费申报系统	衡信 V3.5	套	1
31	税务实训教学管理系统(教师端,含教学管理、税控发行、纳税管理)	衡信 V3.5	套	1
32	企业会计准则——一般企业财务报表综合实训系统	衡信 V3.5	套	1
33	小企业会计准则财务报表综合实训系统	衡信 V3.5	套	1
34	事业单位会计制度财务报表综合实训系统	衡信 V3.5	套	1
35	电商税法思政教学平台	衡信 V3.5	套	1
36	智能财税(国赛规程版)训练系统(6 个账号,15 天)	衡信 V3.5	套	1
37	税务会计课程数字资源实训系统—教学管理	衡信 V3.5	套	1
38	税务会计课程数字资源实训系统—练习测评	衡信 V3.5	套	1
39	税务会计课程数字资源实训系统—考试检测	衡信 V3.5	套	1
40	全国会计初级职称考试系统仿真软件	衡信 V3.5	套	1
41	考试测评分析与管理平台(考吧网络版)	衡信 V3.5	套	1
42	纳税筹划教学实训系统	衡信 V3.5	套	1
43	纳税评估教学实训系统	衡信 V3.5	套	1